«*Ut Philosophia Poesis*»

Etudes sur l'œuvre de Jeanne Hyvrard

FAUX TITRE

Etudes
de langue et littérature françaises
publiées

sous la direction de Keith Busby,
M.J. Freeman, Sjef Houppermans,
Paul Pelckmans et Co Vet

No. 217

Amsterdam – New York, NY 2001

«*Ut Philosophia Poesis*»

Etudes sur l'œuvre de Jeanne Hyvrard

Articles réunis et présentés
par

Jean-François Kosta-Théfaine

En couverture : Olivier Kosta-Théfaine, *Sans titre (Composition de Ménora)*, 2001 © Olivier Kosta-Théfaine
Technique mixte sur papier, env. 14 x 15 cm

The paper on which this book is printed meets the requirements of "ISO 9706:1994, Information and documentation - Paper for documents – Requirements for permanence".

Le papier sur lequel le présent ouvrage est imprimé remplit les prescriptions de "ISO 9706:1994, Information et documentation - Papier pour documents – Prescriptions pour la permanence".

ISBN: 90-420-1277-3

Printed in The Netherlands

A bord de l'œuvre de Jeanne Hyvrard

par Jean-François Kosta-Théfaine

Auteur de vingt livres, d'un grand nombre d'articles journalistiques et théoriques, de nouvelles et de poèmes, Jeanne Hyvrard est entrée en littérature en 1975, en publiant ce qu'elle pensait être à la base un traité de science sociale, « un rapport sociologique » selon ses termes[1], sur les Antilles, mais qui s'avéra être un roman : *Les Prunes de Cythère*[2]. Jeanne Hyvrard souhaitait, en écrivant ce livre, dénoncer une certaine expérience des Antilles, et par là même le colonialisme français, comme elle s'en explique dans un article publié en 1985[3] :

> Enseignant l'économie politique aux Antilles pendant deux ans, j'ai été frappée par une particularité dont ne suffisaient pas à rendre compte les concepts en vigueur en 1970 à savoir la colonisation, l'acculturation et la perte d'identité. A l'époque cette perception était inconsciente, et c'est sans doute pour cela qu'elle a donné naissance à l'écriture. Je sentais confusément que l'espace mental des Antillais n'était pas l'île de soixante kilomètre qu'ils habitaient, mais un lieu lointain, une Afrique et une France Tutélaire, c'est-à-dire un ailleurs qui mythique pourrait être qualifié de hors-lieu. De retour en France j'ai voulu rédiger un rapport pour témoigner de la situation économique et sociale que j'avais trouvée de nature encore profondément coloniale. J'ai fait sans le savoir œuvre de littérature, je dirais presque malgré moi. Ainsi s'est écrit et non pas j'ai écrit *Les Prunes de Cythère*. J'accédais à la littérature en parfaite sauvage.

Après ce premier livre, avec lequel Jeanne Hyvrard fait donc acte de littérature sans même le savoir, elle publie, par la suite, deux autres textes qui forment, avec le premier, une sorte de triptyque,

---

[1] E. Figueiredo, « Interview avec Jeanne Hyvrard », *Conjonctions*, 1986, pp. 118-134, (p. 119).

[2] J. Hyvrard, *Les Prunes de Cythère*, Paris, Minuit, 1975.

[3] J. Hyvrard, « A bord de l'écriture », in *L'écrivain et l'espace*, Montréal, Editions de l'Hexagone, 1985, pp. 29-43, (p. 30).

Mère la Mort[4] et *La Meurtritude*[5], auxquels s'ajoute un texte complémentaire intitulé *Les Doigts du figuier*[6]. Cependant, même si cette œuvre n'en est qu'à son commencement avec ces quatre livres, on repère déjà à travers ceux-ci que les bases bien solides d'une pensée hyvrardienne à venir – et qui n'a pas cessé de s'affiner au fil du temps –, sont déjà posées. De même, cette langue dite du marais, une langue faite de mangrove et d'arbre à pin, se forge déjà dans ces quatre textes[7]. Les livres suivants abordent un grand nombre de genres littéraires – romans (*Le Corps défunt de la comédie*[8] ; *La Jeune morte en robe de dentelle*[9] ; *Ton Nom de végétal*[10]), poèmes (*Resserres à louer*[11] ; *Poèmes de la petite France*[12]), nouvelles (*Auditions musicales certains soirs d'été*[13] ; *Grand choix de couteaux à l'intérieur*[14]), paroles (*La Baisure*[15]), essais (*Le Cercan*[16] ; *CELLLA*[17]), dictionnaire (*La Pensée corps*[18]) –, et constituent alors un réseau de liens thématiques qui se

---

[4] J. Hyvrard, *Mère la mort*, Paris, Minuit, 1976

[5] J. Hyvrard, *La Meurtritude*, Paris, Minuit, 1977

[6] J. Hyvrard, *Les Doigts du figuier*, Paris, Minuit, 1977

[7] Cf. J. Hyvrard, « A bord du marais », 1982 (Texte inédit).

[8] J. Hyvrard, *Le Corps défunt de la comédie*, Paris, Le Seuil, 1982.

[9] J. Hyvrard, *La Jeune Morte en robe de dentelle*, Paris, Des femmes, 1990.

[10] J. Hyvrard, *Ton Nom de végétal*, Québec, Trois, 1999.

[11] J. Hyvrard, *Resserres à louer*, Brest, An Amzer, 1997.

[12] J. Hyvrard, *Poèmes de la petite France*, Noeux-les-Mines, Ecbolade, 1997.

[13] J. Hyvrard, *Auditions musicales certains soirs d'été*, Paris, Des femmes, 1984.

[14] J. Hyvrard, *Grand choix de couteaux à l'intérieur*, Québec, Vent d'Ouest, 1998.

[15] J. Hyvrard, *La Baisure, suivi de Que se partagent encore les eaux*, Paris, Des femmes, 1985.

[16] J. Hyvrard, *Le Cercan*, Paris, Des femmes, 1987.

[17] J. Hyvrard, *CELLLA*, Montigny, Richard Meier - Voix, 1998.

[18] J. Hyvrard, *La Pensée corps*, Paris, Des femmes, 1989.

croisent et s'entrecroisent, tout en se répétant sous forme d'écho de texte en texte. De fait, chaque livre publié constitue un tome supplémentaire à cet unique Traité d'économie politique que représente l'Œuvre de Jeanne Hyvrard.

Professeur d'économie politique, Jeanne Hyvrard est née à Paris, en 1945. Prenant le parti d'écrire sous pseudonyme, elle justifie celui-ci d'une manière forte et convaincante, dans un entretien accordé en 1986[19] :

> C'est le nom de ma grand-tante maternelle. Elle s'appelait authentiquement, à l'état civil, Jeanne Hyvrard. C'était une femme que j'aimais beaucoup, qui n'avait jamais capitulé de sa vie, qui avait toujours résisté, qui avait témoigné de la mémoire dans une famille qui ne voulait pas se souvenir. Elle avait une espèce de rôle de sorcière, d'exclusion, elle était tenue à l'écart de la famille. J'ai repris son nom dans la mesure où c'était une femme que j'admirais beaucoup. Voilà, c'est simple. Que l'on se penche ensuite sur d'autres Jeanne, on peut se demander pourquoi le prénom de Jeanne, je crois qu'en hébreu, cela veut dire éternité. On peut chercher dans ce sens là. Le prénom de Jeanne m'a séduite, mais consciemment, c'est très clairement, parce que je reprends à mon compte le combat de la mémoire qu'a mené ma grand-tante et le refus de capituler devant un ordre qui tue.

Dès les premiers livres publiés, une espèce d'aura mystérieuse a entouré le personnage même de l'auteur. Ainsi, malgré la réception assez rapide que connurent ses livres, Jeanne Hyvrard fut mise, dès le départ, à l'index, en exil dans son propre pays comme elle l'a répété plus d'une fois. Elle fut taxée de femme folle et noire, enfermée dans un asile psychiatrique en attendant la mort ; la mystification élaborée par la critique a été totale et s'est certainement trouvée renforcée par le silence de Jeanne Hyvrard elle-même, qui ne s'insurgea à aucun moment face

---

[19] E. Figueiredo, « Entretien avec Jeanne Hyvard », *op. cit.*, p. 120.

à ce flot de qualificatifs complètement surréalistes à son égard. Qu'aurait-elle pu réellement dire ? Comment aurait-elle pu agir face à une réaction si grotesque qui se fondait principalement sur son écriture – un style saccadé et empreint de néologismes –, et sur les thèmes sous-jacents abordés dans ses textes : une critique du colonialisme français dans les Antilles? On pourrait bien évidemment se poser la question suivante : pourquoi un tel déchaînement ? On ne le saura peut-être jamais, même si a posteriori on peut y voir le refoulement d'une vérité philosophique, sociale et politique que Jeanne Hyvrard a tenté d'écrire dès son premier livre et que d'aucuns préfèrent ne pas entendre, continuant alors inlassablement de se voiler la face.

Que tente donc de nous dire Jeanne Hyvrard, de livre en livre, depuis plus de vingt ans maintenant ? Elle nous décrit tout simplement la mondialisation en marche. Elle nous parle également d'autres phénomènes comme ceux de la marginalisation, du colonialisme ainsi que du transnationalisme. Jeanne Hyvrard traite également, et c'est peut-être l'élément le plus dérangeant au sein de l'Hexagone, de la transformation de la société française. Il appartient cependant au lecteur de comprendre qu'il est grand temps d'ouvrir les yeux et d'accepter enfin cette Terra Incognita qui nous fait si peur, mais qui est déjà à notre porte. Mais, si nous n'avons toujours pas pris conscience de cela au sein même de l'Hexagone, force est de constater que cette prise de conscience s'est opérée depuis fort longtemps outre-Atlantique, chez nos compatriotes de l'autre rive. C'est pourquoi, bien qu'étant un écrivain de langue française, Jeanne Hyvrard y est beaucoup mieux connue qu'en France, reconnue à juste titre et même enseignée dans les universités. Ainsi, la pensée hyvrardienne qui peine à s'imposer, ou du moins à être comprise en France, apparaît depuis plusieurs années maintenant comme une véritable référence en Amérique du

Nord. Soulignons, à défaut de le rappeler, que plusieurs exégètes du continent américain ont consacré des ouvrages à l'œuvre hyvrardienne. On doit le premier à Jennifer Waelti-Walter qui regroupait en 1988 un ensemble de textes présentés à un des ateliers du XXXIème Congrès de l'APFUCC (Association des Professeurs de Français des universités et Collèges Canadiens) réuni en mai 1987, dont le sujet était : « Aspects de l'œuvre de Jeanne Hyvrard ». Ce volume, intitulé *Jeanne Hyvrard, la langue d'avenir*[20], abordait des sujets aussi variés les uns que les autres et posait, somme toute, les bases d'ouvrages à venir. En effet, Maïr Verthuy-Williams et Jennifer Waelti-Walters publiaient en 1988 la monographie que l'on connaît bien, sobrement intitulée *Jeanne Hyvrard*[21], et dont certains éléments faisaient partie des articles qu'elles avaient précédemment publiés. En 1996, deux livres supplémentaires consacrés à l'œuvre de Jeanne Hyvrard paraissaient. Joëlle Cauville publiait une « analyse des mythes et des symboles dans l'œuvre de Jeanne Hyvrard » dans sa *Mythographie hyvrardienne*[22] ; tandis que Jennifer Waelti-Walters nous offrait, de son côté, une excellente introduction critique à l'œuvre hyvrardienne dans son essai : *Jeanne Hyvrard : Theorist of the Modern World*[23]. Enfin, Monique Saigal, dans un livre récent, intitulé *L'écriture : lien de mère à fille chez Jeanne Hyvrard,*

---

20 Jeanne Hyvrard, *La langue d'avenir*, textes réunis et présentés par J. Waelti-Walters, Victoria, B. C., *Les Cahiers de l'APFUCC*, II :3, 1988.

21 M. Verthuy-Williams et J. Waelti-Walters, *Jeanne Hyvrard*, Amsterdam, Rodopi, 1988.

22 J. Cauville, *Mythographie hyvrardienne. Analyse des mythes et des symboles dans l'œuvre de Jeanne Hyvrard*, Québec, Presses de l'Université de Laval, 1996.

23 J. Waelti-Walters, *Jeanne Hyvrard : Theorist of the Modern World*, Edinburgh, Edinburgh University Press, 1996.

Chantal Chawaf et Annie Ernaux[24], qui s'attache à l'étude du lien entre l'écriture et la diade mère/fille, a consacré un chapitre entier à Jeanne Hyvrard. On note, par ailleurs, que quatre livres de Jeanne Hyvrard ont été traduits en langue anglaise. Il s'agit de *Mère la mort*[25] en 1988 ; *La Jeune morte en robe de dentelle*[26] et *La Meutritude*[27] en 1996 et enfin *La Pensée corps* qui est à paraître. De plus, certains textes courts de Jeanne Hyvrard ont également fait l'objet d'une traduction anglaise. C'est, en effet, le cas de deux gestes poétiques : *Les Doigts du figuier*[28] en 1987 et *La Baisure*[29] en 1995 et deux poèmes, « Ma fille » et « Mère », en 2000[30]. On signalera, enfin, la traduction de trois nouvelles : « Auditions musicales certains soirs d'été »[31] et « Physique, chimie »[32] en 1989 et « Géonomie » en 1987[33].

---

24 M. Saigal, *L'écriture : lien de mère à fille chez Jeanne Hyvrard, Chantal Chawaf et Annie Ernaux*, Amsterdam/Atlanta, Rodopi, 2000.

25 J. Hyvrard, *Mother Death*, tr. L. Edson, Lincoln, University of Nebraska Press, 1988.

26 J. Hyvrard, *The Dead Girl in a Lace Dress*, tr. J.-P. Mentha & J. Waelti-Walters, Edinburgh, Edinburgh University Press, 1996.

27 J. Hyvrard, *Waterweed in the Wash-houses*, tr. E. Copeland, Edinburgh, Edinburgh University Press, 1996.

28 J. Hyvrard, *The Fingers of the Fig-Tree*, tr. H. Frances, Wellington, New Zealand, MA Thesis, Victoria University, 1987.

29 J. Hyvrard, *The Kissing Crust*, in *Elles. A Bilingual Anthology of Modern French Poetry by Women*, ed. et tr. M. Sorell, Exeter, University of Exeter Press, 1995.

30 J. Hyvrard, « Poems : My Daughter, Mother », traduit en anglais par Miléna Santoro, *Antigonish Review*, 120, 2000, pp. 66-77.

31 J. Hyvrard, « Musical Auditions on Certain Summer Nights », tr. D. Di Bernadi, *New French Fiction. The Review of Contemporary Fiction*, vol. IX, n° 1, 1989, pp. 129-135.

32 J. Hyvrard, « Physics Chemistry », tr. D. Di Bernadi, *New French Fiction. The Review of Contemporary Fiction*, vol. IX, n° 1, 1989, pp. 136-137.

33 J. Hyvrard, « Geonomy », tr. L. Edson, *Copyright*, 1, 1987, pp. 45-63.

Jeanne Hyvrard qui est, on doit l'avouer, un des écrivains les plus prolixes du XXème siècle – la bibliographie de ses écrits en témoigne largement –[34], a toujours été réputée difficile à lire, cela est peut-être vrai. Cependant, la lecture est loin d'être un acte passif et nécessite, on le sait, un véritable effort de la part du lecteur. On pourrait aisément qualifier de difficilement lisibles d'autres auteurs en général et du genre de l'essai en particulier ; genre dont les livres de Jeanne Hyvrard, même s'ils portent la mention « roman » ou bien encore « parole » ne sont jamais très loin. Néanmoins, si l'on accorde une attention toute particulière à ses textes, il est tout à fait aisé de comprendre le message qu'elle nous délivre. L'œuvre de Jeanne Hyvrard qui procède d'une véritable recherche sur la langue et le monde donne dans chaque livre une clef permettant de décoder et d'interpréter ses autres textes, afin d'illustrer ce Grand Tout qui n'est autre, en somme, qu'une majestueuse Geste poétique sinon un unique Traité d'économie politique.

Les articles que nous avons réunis dans le présent volume ont au moins deux objectifs majeurs qui se complètent et se croisent à la fois. Le premier, de par la diversité des thèmes abordés, permet de donner des pistes supplémentaires afin d'éclairer l'œuvre hyvrardienne. Le second offre, autant que faire se peut, une ébauche sinon un cheminement de la pensée hyvrardienne puisque les contributions de ce recueil portent tant sur des livres anciens que récents de Jeanne Hyvrard. En effet, Monique Saigal nous propose un entretien réalisé avec Jeanne Hyvrard en 1996, sur le thème de la relation mère / fille qui nous ramène directement au livre de *La Jeune morte en robe de dentelle* (1990). Jeanne Garane, de son coté, explore ce qu'elle nomme le « discours antillais » dans le

---

[34] Voir la bibliographie du présent volume.

premier texte de Jeanne Hyvrard, *Les Prunes de Cythère* (1975). Jean-François Kosta-Théfaine, pour sa part, montre l'importance que revêt la Genèse dans le poème *Que se partagent encore les eaux* (1984). Dans leur article consacré à *La Pensée corps* (1989), le dictionnaire philosophique de Jeanne Hyvrard, Annye Castonguay et Jennifer Waelti-Walters nous convient à un voyage entre les constellations et les nébuleuses de l'univers hyvrardien, afin de démontrer que ce livre est à la fois l'hologramme et la clé de voûte permettant l'analyse de l'œuvre hyvrardienne dans son intégralité. Raymonde A. Saliou-Bulger nous invite, à travers une lecture d'un livre récent de Jeanne Hyvrad, le recueil de poèmes *Resserres à louer* (1997), à la découverte des pouvoirs de la symbolique féminine qui se dégagent de l'examen des images aquatiques présentes dans le recueil. Metka Zupančič et Joëlle Cauville ont également porté leur attention sur des livres récents de Jeanne Hyvrard. Metka Zupančič nous offre, en effet, une lecture d'*Au Présage de la mienne* (1997), en utilisant, pour son étude, des méthodes empruntées au bouddhisme, à la mythocritique ainsi qu'à la thérapie. Joëlle Cauville, quant à elle, s'est attachée à l'examen d'un conte, *Le Cheval d'or*, extrait du recueil de nouvelles intitulé *Grand Choix de couteaux à l'intérieur* (1998). Elle y procède à une étude du temps, de l'espace, de l'ordre du discours, des personnages et des structures mythiques afin de montrer que ce conte reflète bien la vision apocalyptique et messianique de l'auteur. Miléna Santoro analyse, dans l'œuvre hyvrardienne, la notion de mort, en utilisant la théorie psychanalytique de la pulsion de mort. Elle démontre ainsi toute l'importance que revêt la thématique de la mort chez Jeanne Hyvrard, aussi bien dans ses textes les plus anciens que dans les plus récents. Marie Miguet-Ollagnier nous propose, à travers l'étude d'un livre, *Au Présage de la mienne* (1997) et de deux articles, « A bord d'Orphée dans le regret de l'Eurydice » (1997) et

« A bord des mythes dans le vaisseau de l'écriture » (1997), de voir ce qu'est devenue l'écriture hyvrardienne, vingt ans après la publication du premier livre. Enfin, Annye Castonguay nous fait un véritable don, en nous offrant ses réflexions issues de sa traduction anglaise de *La Pensée corps*, qui est à paraître. Nous avons ajouté, afin de compléter l'ensemble de ces contributions, une bibliographie des écrits et critiques hyvrardiens qui permettra à tout un chacun de prolonger la lecture ou l'étude de l'œuvre de Jeanne Hyvrard.

Puisse ce volume accomplir sa mission : contribuer à mieux faire connaître l'œuvre hyvrardienne au sein de l'Hexagone et perpétuer son rayonnement Outre-Atlantique.

Paris, le 8 janvier 2001.

De la conception de la mère à ses ramifications dans la société française moderne (Entretien avec Jeanne Hyvrard, le 29 Juin 1996 à Paris)[1]

par Monique Saigal

Abstract : In this interview, Jeanne Hyvrard presents several definitions of her concept of mother as well as its ramifications in modern French society.

Jeanne Hyvrard : Aujourd'hui 29 Juin 1996. Nous sommes à Paris. On commence par une lecture de mon dernier poème de la semaine dernière, samedi dernier :
« Je suis fatiguée comme la mort/ de m'être chaque soir naissant/ tranché la gorge/ pour laisser mon âme respirer/ et en moi la mémoire des miens/ continue à œuvrer ».
Monique Saigal : Eh bien ! justement la mémoire des miens va nous amener au thème de la mère.
J. Hyvrard : Comme d'habitude !
M. Saigal : Comme d'habitude, c'est ça !
J. Hyvrard : Alors oui, allez-y !
M. Saigal : Est-ce que vous voulez dire quelque chose d'abord ?... parce que je voulais vous poser une question sur la bonne mère et

---

[1] Sur ce thème, voir : M. Saigal, « Le cannibalisme maternel : l'abjection chez Jeanne Hyvrard et Kristeva », *The French Review*, 66:3, 1993, pp. 412-419 ; M. Saigal, « L'humour dans *La Jeune Morte en robe de dentelle* de Jeanne Hyvrard », *Women in French Studies*, July 1993, pp. 45-53 ; M. Saigal, « Oppression maternelle et salut par l'écriture dans *La Jeune Morte en robe de dentelle* de Jeanne Hyvrard », in *Il senso del nonsenso. Scritti in memoria di Lyn Salkin Sbiroli, Naples*, Ed. Scientifiche Italiane, 1994, pp. 633-649 et M. Saigal, *L'écriture : lien de mère à fille chez Jeanne Hyvrard, Chantal Chawaf et Annie Ernaux*, Amsterdam-Atlanta, Rodopi, 2000.

savoir si dans votre oeuvre il y a une bonne mère, est-ce que l'Afrique dans *Les Prunes de Cythère,* c'est ça la bonne mère ?

J. Hyvrard : Je n'ai jamais réfléchi à la question parce que je pense que ça c'est une problématique de critique littéraire ou de psychanalyste. Or ma formation ce n'est pas du tout ça. Je rappelle ce que tout le monde sait à savoir que je suis économiste et juriste alors la notion de bonne ou de mauvaise mère ne fait pas partie de mon arsenal conceptuel. Donc je ne peux pas répondre à la question posée dans ces termes-là, mais à priori je dirai que non, je ne pense pas.

Je pense que le rôle de l'Afrique dans *Les Prunes de Cythère* c'est simplement l'existence d'une nature naturelle, si on peut dire. Aujourd'hui en 1996 en Europe, la nature est menacée de disparition d'une façon assez inquiétante puisqu'en Europe on est en train de se débattre avec la question de la vache folle. Cette disparition de la nature qui est un élément fondamental dans le livre *La Jeune Morte en robe de dentelle* est déjà quelque chose de perçu dans l'enfance comme extrêmement inquiétant. C'est-à-dire que dès l'enfance, l'existence du corps était interdite donc la nature était en quelque sorte déjà niée, niée au sens de …… il vaudrait mieux dire « négationnée » au sens de, comment dire, d'annihiler, au sens de refus de prendre en considération et pour pousser un petit peu plus loin avec d'autres connections presque dans le sens du négationisme pour en revenir à nos conversations qui, malheureusement, sont également habituelles. Donc, ce n'est pas la bonne mère, mais c'est déjà l'existence d'une mère qui a un corps où il y a une nature où il y a quelque chose déjà de vivant. C'est-à-dire l'existence de l'Afrique, c'est être née d'une matrice vivante dans *Les Prunes de Cythère.* Est-ce que ça répond à la question ?

M. Saigal : Oui, parce que moi je pensais que la mauvaise mère c'était lié à l'oppression plutôt et donc les opprimés seraient plutôt reliés justement peut-être à la nature mais à la……

J. Hyvrard : C'est peut-être ça, tout ça est certainement vrai puisque de toute façon si on le perçoit en lisant le texte, c'est que ça y est, mais à la lumière de maintenant, c'est-à-dire en 1996 et de tout ce qui se passe, ce n'est plus même la question de bonne ou de mauvaise mère c'est la question de l'existence même d'une mère qui est posée ! C'est-à-dire que si jusque là on a raisonné en terme de bonne ou de mauvaise mère, peut-être qu'aujourd'hui la mise à jour de cette pensée-là ça serait : il y a une mère ou il n'y en a pas. Est-ce que je me fais comprendre ?

M. Saigal : Il y a une mère ou il n'y en a pas.

J. Hyvrard : Oui.

M. Saigal : Vous pouvez élaborer ?

J. Hyvrard : Comment dire ? Pour donner un exemple on pourrait dire que – je ne sais pas si j'ai déjà eu l'occasion de vous dire cette phrase – on pourrait résumer la folie de la mère dans *La Jeune Morte en robe de dentelle,* (bien que cette phrase ne soit pas dans le texte,) par « la petite fille pourrait dire : ma mère est stérile ». C'est-à-dire que la mère de la jeune morte en robe de dentelle lui tient finalement un discours dans lequel elle lui dit qu'elle est son enfant mais qu'elle-même n'a pas eu d'enfants. On pourrait dire, avec des concepts modernes, que la mère de la jeune morte en robe de dentelle est une mère négationiste. Elle nie avoir enfanté cette fille dont elle dit pourtant en même temps que c'est sa fille et sa propriété. C'est-à-dire que en tant que mère, cette mère dit qu'elle n'est pas. C'est cela la folie de la mère et c'est cela qui va causer la folie de la fille, parce que la fille se trouve écrasée, c'est vrai, mais ce n'est pas l'écrasement qui me parait l'élément essentiel, c'est plutôt le fait que la mère est comme n'étant pas. C'est encore plus grave. Quelquefois j'ai l'occasion d'expliquer cela en termes politiques, économiques et juridiques en disant par exemple que la dictature, elle, peut écraser l'autre, elle peut l'enfermer, elle peut lui faire du mal mais elle ne le nie pas forcément. Alors que dans le totalitarisme cela peut être beaucoup moins douloureux apparemment dans la vie quotidienne tout en étant beaucoup plus destructeur, parce que le totalitarisme c'est de dire à l'autre : « en tant qu'autre, tu n'es pas ! » Est-ce que je me fais comprendre ?

M. Saigal : Oui, je comprends.

J. Hyvrard : Voilà, c'est ça, donc ce n'est pas pour dire que la dictature est quelque chose d'acceptable, c'est pas du tout ça que je veux dire, c'est que à la lumière de ce qui se passe aujourd'hui où le négationisme me parait une doctrine qui à partir du nazisme se répand et atteint une toute autre sorte de question que celle de la Shoah, et bien on peut essayer de moderniser les concepts en introduisant cette notion de négationisme à d'autres domaines. Est-ce que je suis claire ?

M. Saigal : Oui.

J. Hyvrard : Voilà.

M. Saigal : Et puis vous dites aussi que la mère c'est la télévision.

J. Hyvrard : Attendez, attendez encore, un petit quelque chose sur la question précédente par rapport à la dictature, au totalitarisme et à la bonne et mauvaise mère… qu'est-ce que c'est qu'une mauvaise mère ? Comment dire ? Je ne sais pas trop, par exemple une mère qui oublie de donner le goûter à son enfant, on peut dire que c'est une mauvaise mère, bon mais si elle dit : « oui, bon j'ai oublié de donner le goûter, c'est vrai, je ne m'occupe pas bien de toi », mais que (*le lien* de mère à enfant n'est pas contesté), ça ne me paraît pas si grave. En revanche, une mère qui donnera régulièrement le goûter à son enfant avec la bonne quantité de protéines … et de tout ce qu'il faut de calories, tout en disant, en tenant un discours dans lequel il faudra comprendre qu'il n'y a aucun lien entre l'enfant et la mère et en quelque sorte qu'elle n'est pas sa mère au sens physiologique, on pourra dire voilà une bonne mère mais en réalité c'est une mère abominable et totalitaire. C'est pourquoi je dis bonne ou mauvaise mère. Dans le passé je n'ai pas eu tellement à utiliser ces notions. Bon, la télévision ?

M. Saigal : Oui la question sur la télévision. Le rapport entre la mère et la télévision ?

J. Hyvrard : Alors il me paraît évident, et il suffit de regarder les gens autour de nous, que dans les foyers (au sens de ce qu'on appelait autrefois la vie privée qui maintenant justement a disparu à cause de ça) et pour les éléments masculins de la population, la télévision tient la place de la mémoire de la mère et est une espèce de mère artificielle sur laquelle l'homme masculin va pouvoir exercer pleinement sa puissance. C'est-à-dire que cette mère a toutes les qualités au sens où on peut lui faire produire le programme dont on a envie et quand elle tient un discours qui ne convient pas, on zappe et on passe à autre chose, ce qu'on ne pouvait faire ni avec la mère réelle, souvenir de l'enfance, ni avec la projection de la mère sur l'épouse ou la compagne principale, ce qui a été le fonctionnement dans l'époque qui vient de s'achever.

M. Saigal : Et le contrôle.

J. Hyvrard : Le contrôle est essentiel. Le contrôle est essentiel, l'absence de vie personnelle, l'uniformisation, *le totalitarisme*, la télévision je ne dis pas qu'en elle-même, en tant qu'outil technique, elle soit totalitaire, je dis que l'usage qui en est fait aujourd'hui, dans l'ultralibéralisme et la globalisation financière que nous vivons ici en France, est un usage totalitaire dans lequel l'homme masculin, semble-t-il, trouve son compte pour ce qui est de l'aspect de la télévision dans la vie domestique. Maintenant, sur le plan politique et ce qu'il en reste, il est évident, me semble-t-il, que la télévision (mais pas la télévision seulement) et tout le grand fourbi cybernétique, sont une espèce de vecteur….

M. Saigal : L'internet ?

J. Hyvrard : Oui, alors attendez, ça dépend, parce que quand il est utilisé entre les universitaires pour des questions pointues, voilà l'usage tout à fait intelligent et utile. Ce n'est donc pas encore une fois, j'insiste, ce ne sont pas les outils techniques en tant qu'outils techniques, c'est l'usage qui en est fait dans la société où on est ; ce qui peut changer ! Dans quelques années, ça peut être complètement différent. D'ailleurs, vous m'avez fait remarquer que c'est pourquoi je dis toujours la date pour commencer quand on enregistre les conversations, parce qu'étant économiste et juriste, et bien il est évident que tous ces propos n'ont de sens qu'à l'intérieur de l'époque dans laquelle on est et de ce qui s'y passe et que ça ne peut pas en être séparé. Donc je pense que tout ce grand fourbi cybernétique actuel est un vecteur de totalitarisme. Il joue sur la mémoire de la mère en chacun de nous. Tout un chacun peut trouver dans ce grand réseau à projeter sa mère, à s'y connecter, et à rétablir un lien de nature fœtale avec ce grand réseau cybernétique.

Une anecdote... Au congrès de Toulouse il y a une quinzaine de jours avec six ou huit personnes qui participaient à ce congrès, lors d'un dîner j'ai rappelé l'injonction fondamentale de notre société : « tu ne reintégreras pas le ventre de ta mère ». Et toutes ces personnes, par ailleurs tout à fait intelligentes et cultivées, m'ont dit en choeur : « et pourquoi pas » ? Ceci nous montre (comme on ne peut pas prendre cela comme des propos de folie ou d'aberration), qu'il y a à l'œuvre en ce moment quelque chose qui va dans ce sens. Le grand réseau cybernétique est une espèce de matrice dans laquelle les gens peuvent nider à nouveau, se créer leur niche, leur trou et entretenir avec ce grand réseau cybernétique des liens de nature fœtale. C'est-à-dire une alimentation en continu et sans difficulté, et en même temps un défouloir et un excrétoire où le grand réseau prend en charge l'évacuation des ordures. Moi je suis très frappée que, quand on a commencé l'informatique, la liste de possibilités était nommée « menu ». On aurait dû appeler cela sommaire, mais non, on a appelé cela menu, c'est-à-dire que le lien avec le grand réseau cybernétique est de nature digestive. Voilà.

Donc c'est une évidence. Pour moi, c'est une évidence. Il suffit de regarder les gens s'en servir : c'est complètement l'enfant qui tête.
M. Saigal : Mais l'écriture aussi est une façon de récupérer la mère qu'on a intériorisée, malgré soi.
J. Hyvrard : Ce n'est pas la récupérer, c'est trouver un arrangement, pour ne pas devenir fou, ni se tuer d'un malheur insondable dans la relation avec elle. C'est-à-dire c'est être avec elle sans être avec elle. On ne la récupère pas, je dirai qu'on l'évoque, c'est complétement différent !
M. Saigal : On l'évoque ?...
J. Hyvrard : Oui, on l'évoque et je peux prendre une métaphore puisqu'on est très à l'aise dans les métaphores avec vous et ma pensée fonctionne ainsi. C'est peut-être aussi en rapport avec un livre qui va sortir bientôt mais je ne sais pas si j'ai eu l'occasion de vous en parler : *Cellla* avec trois L, C-e-l-l-l-a, aux éditions Voix. Est-ce que je vous en ai déjà parlé ?
M. Saigal : Oui, vous m'en avez déjà parlé mais c'est tout ce que vous avez dit.
J. Hyvrard : Bon. Alors ce livre j'ai déjà corrigé deux jeux d'épreuves, c'est une théorie fiction comme d'habitude. Ça s'appelle « essai sur le représentement à l'encre de chine et aux sels d'argent » et il y a un texte, bien évidemment, ça m'étonnerait de vous dire le contraire, mais il y a aussi des dessins et des photos, mais aucune de ces photos n'est « normale » avec tous les guillemets qu'on peut imaginer. Elles ont toutes quelque chose d'anormal, de blessé, de particulier, de mauvais, dans l'ordre de la photographie on pourrait dire : « bah tiens cette photo-là, elle est mauvaise ». Bien alors, je m'explique :

Elle n'est pas mauvaise ! c'est que l'usage que la société fait de la photographie dans le monde dans lequel on est, de façon dominante et majoritaire, c'est en effet de montrer, de répresenter et ça tient lieu *de*, c'est à la place *de*, c'est-à-dire que quand on photographie quelqu'un, on va en faire un portrait qu'on estime représenter la personne. J'ai beaucoup de difficulté avec ce genre de photographie parce qu'il me semble qu'il y a là un mensonge fondamental, c'est la confusion entre l'image et l'être, et on finit par prendre l'image pour l'être, blah blah blah, le blah blah médiatique, la société du paraître, etc, du spectacle. Deux cents personnes ont déjà dit là-dessus des choses décisives. Alors que l'usage que moi je fais de la photographie, c'est de me servir de la photographie pour *évoquer* la personne. Je m'explique. Par exemple les vieux daguerréotypes vous voyez ce que c'est, la photographie sur les plaques de métal ou de verre. Eh bien, on peut dire : « on ne voit rien » ! Et bien justement on ne voit rien, très bien. Et pourquoi on ne voit rien, pourquoi je me satisfais de ce qu' on ne voit rien parce qu'on voit quand même quelque chose ! Ça évoque ! Ce n'est pas daguerréotypes que je veux dire ce sont les négatifs dont je vous parle, je me trompe, autant pour moi, ce sont les négatifs sur plaques de verre. Il faudrait préciser la terminologie technique que je ne connais pas, mais en regardant au travers, on a une vague idée de ce qu'est la personne. C'est-à-dire, ça ne la remplace pas, à ce moment-là on ne peut pas prendre l'image à la place de la personne, mais ce qu'on a là va donner vaguement *l'idée de...* et c'est pourquoi j'ai toujours aimé les photos ratées, celles qui sont considérées comme ratées, où il y a des taches de produits. Elles sont floues, elles sont mal cadrées, elles sont tordues, c'est ce qu'on appelle des photos ratées, ce sont celles-là que je préfère.

Si j'étais photographe, je me spécialiserais dans la photo ratée parce que cela ne fait à ce moment-là qu'évoquer celui qui est photographié, cela ne peut pas le remplacer. Est-ce que je me fais comprendre ? Moi je dirai donc que cela interdit la représentation. Je dis cela, parce que cela se connecte avec d'autres choses que j'ai écrit, cette théorie-fiction qui est un essai sur le représentement – le représentement plutôt que la représentation –, et la communication

que j'ai donnée à Toulouse « A bord de la logarchie dans le détroit des Sciences Sociales » etc... toutes sortes de choses que je suis en train de mettre en ordre maintenant. Alors, cette métaphore pour dire que dans l'ordre de la mère et de l'écriture, c'est pareil. Quand on écrit, elle n'est pas là, on ne doit pas se faire croire qu'elle est là, mais la situation dans laquelle on est dans l'écriture évoque qu'on a été avec elle et qu'on l'a perdue. Est-ce que je me fais comprendre ?
M. Saigal : Oui, mais par l'écriture on se crée sa propre mère à soi, c'est-à-dire qu'on se donne la vie à soi.
J. Hyvrard : Non, pas moi, c'est peut-être vrai pour d'autres, mais ça ne l'est pas pour moi, ça ne l'est pas pour moi. Moi je dirai que à ce compte là s'il fallait dire, s'il fallait aller dans votre sens, je dirai que peut-être ce qu'il s'en rapproche le plus ce sont les liens que je peux avoir avec tous ceux et celles qui me lisent et qui me parlent de ce que j'écris. Que là il y a en effet une, comment dire, suppléance. Moi je dirai, que ces liens-là font globalement une sorte de réseau qui vicarie le désastre qu'a été l'abandon maternel.
M. Saigal : Et qui est réciproque.
J. Hyvrard : C'est-à-dire ?...
M. Saigal : C'est-à-dire que c'est réciproque. C'est-à-dire que la personne qui vous lit forme également un lien.
J. Hyvrard : Peut-être. Vous voulez dire que pour ceux et celles qui me lisent à ce moment-là, pour ceux-là, je suis dans la fonction de la mère ?
M. Saigal : C'est ça.
J. Hyvrard : Certainement, certainement et c'est pour ça qu'on pourrait dire le compte est bon et que c'est équilibré et que la personne là-dedans n'a pas l'impression d'être spoliée. D'ailleurs ça me parait très intéressant cette réflexion que vous faites sur cette réciprocité parce que c'est peut-être parce que dans d'autres liens c'est à sens unique que ça pose problème alors que dans le monde

justement de la littérature c'est réversible. Très intéressant Je suis donc d'accord.

(rires)

M. Saigal : Et puis maintenant l'autre question que je vais vous poser c'était à propos de la production artificielle, de la procréatique parce que vous disiez que maintenant la femme devenait éliminée, réduite. La femme, la mère ?

J. Hyvrard : Oui, elle est en voie d'évacuation, oui, oui.

M. Saigal : C'est ça oui, mais il me semble que si la mère est en voie d'évacuation avec « in vitro » il faut quand même implanter la chose dans le corps de la mère. Donc l'enfant ne peut pas naître tout seul.

J. Hyvrard : Pour le moment, pour le moment, pour le moment, jusqu'au jour où ils réussiront à fabriquer des placentas, des endomètres et des matrices artificielles. Au point où ils en sont, je pense que je ne dis pas qu'ils vont y arriver techniquement, nécessairement, mais que c'est dans ce sens là que cela va, c'est cela leur fantasme. C'est cela qu'ils veulent, j'en suis persuadée ! Et moi je pense que le regain d'intérêt pour la question de la mère (comme en témoignent nos petites affaires), c'est justement parce qu'intuitivement l'avant-garde intellectuelle commence à concevoir que c'est ce qui va se produire. Donc récupérer la mère, (je ne sais pas quelle est l'étymologie du mot « récupérer »), s'interroger sur ce que c'est que la mère, qu'est-ce que le lien à la mère, etc… est fondamental, parce qu'il nous arrive, c'est l'extermination de la mère. Et encore une fois la vache folle qui agite beaucoup l'Europe, je pense que c'est une métaphore de ce débat-là et que cet abattage de vaches, cette angoisse à ce sujet etc… toutes sortes de choses ce sont les prémisses symboliques et métaphoriques de ce qui va nous arriver.

M. Saigal : J'aime bien cette métaphore de la vache folle !

J. Hyvrard : Eh oui…

M. Saigal : Je sais que c'est une réalité mais en tant que métaphore je trouve que cela a beaucoup de sens.

J. Hyvrard : Oui. Ma communication sur « la logarchie dans le détroit des Sciences Sociales » parle aussi de ça. Qu'est-ce qui lui est arrivé à la vache folle ? Qu'est-ce qui s'est passé ? On lui a fait manger, alors qu'elle était herbivore, on lui a fait manger de la viande, mais pas n'importe quelle viande, puisque c'était de la viande morte, pas de n'importe quelle mort, mort de maladie y compris ses consœurs d'espèce. C'est-à-dire qu'on a fait manger aux vaches...

M. Saigal : C'est du cannibalisme, voilà le cannibalisme de *La Jeune Morte*.

J. Hyvrard : Oui, des vaches, mais non seulement des vaches mortes, mais des vaches mortes de maladie. Je ne sais pas si vous voyez où l'on en est.

M. Saigal : Oh la la, oui...

J. Hyvrard : C'est quand même un point limite ! C'est complètement du cannibalisme. Je sais que c'est vous qui avez eu cette idée de réintroduire le cannibalisme dans nos discussions intellectuelles. Et bien je pense que vous avez complètement raison. C'est totalement le nœud du problème et à l'ordre du jour. C'est ça qui se joue et la résistance intellectuelle humaniste aujourd'hui c'est le refus du cannibalisme. Alors pourquoi ? Parce que le cannibalisme est à l'ordre du jour ! Le cannibalisme est à l'ordre du jour pourquoi ? Eh bien parce qu'une partie de l'espèce humaine va liquider l'autre.

M. Saigal : Prophétie hyvrardienne !

(rires)

J. Hyvrard : J'aime bien nos rires là, c'est la seule possibilité qu'on a. Mais enfin quand on voit ce qui est en train de se passer sur le plan planétaire, économique, social, sanitaire, psychologique, et cette espèce de sauvagerie sans nom qui est en train de déferler où chacun est la proie de l'autre sans qu'il n'y ait plus aucune médiation ni culturelle ni légale (enfin légale pas au sens juridique, au sens de loi générale), c'est complètement le déferlement du cannibalisme. C'est-à-dire que là où, dans la métaphore d'Abraham la judéité dit : « on va arrêter les sacrifices humains » et que fondamentalement ce que le judaïsme a apporté à la civilisation c'est ça, et bien ce qui est en train de se passer, c'est comme si on rétablissait le sacrifice humain.

D'ailleurs avec les greffes d'organes et compagnie, on n'est quand même pas bête au point de ne pas penser que le prélèvement d'organes sur des corps qui ne sont pas totalement morts, s'apparente tout de même au cannibalisme. Alors donc la nouvelle conjoncture en effet c'est ça et malheureusement, j'espère ne choquer personne en disant cela, je pense que cela a un rapport avec la Shoah. Je parle souvent de cela mais ce n'est pas par hasard, c'est que moi je pense que c'est de nouveau à l'ordre du jour.

M. Saigal : Et à propos de l'élimination de la mère il me semble qu'il y a un lien aussi avec l'homosexualité, que cela devient de plus en plus…

J. Hyvrard : Bien sûr, bien sûr, on l'a souvent dit. On a parlé de cela, comment dire, sur le fond. Ce n'est pas l'homosexualité que je mets en cause comme fait, parce que chacun fait non pas ce qu'il veut, mais ce qu'il peut et dans certain temps seulement, aussi ce qu'il veut. Mais c'est qu'on essaie de nous faire croire que c'est la norme et qu'il n'y a pas de différence entre l'homosexualité et l'hétérosexualité, que c'est simplement une question de goût et que tout ça serait à mettre sur le même plan. La revendication de normalité des homosexuels me paraît aberrante, mais elle me paraît surtout le signe que la sexualité a d'ores et déjà disparu dans la société où on est, parce que si les gens ne sont pas capables de voir qu'il y a une différence fondamentale entre l'homosexualité et l'hétérosexualité, c'est parce qu'ils n'ont plus aucune idée de ce qu'est la sexualité. Est-ce que je suis claire ? Oui ? Vous êtes d'accord avec moi ?

M. Saigal : Oui. Je me demande si chez les animaux l'homosexualité existe.

J. Hyvrard : Eh bien écoutez, toutes ces questions de relation, comment dire, de rapports entre les fonctionnements humains et animaliers on peut à chaque fois qu'on fait un rapprochement, une comparaison de ce genre, se dire que dans la nature animale et voire même végétale, il y a des exemples de tout. La nature est un vaste chaos où on trouve de tout, donc on va toujours, et à tout moment, trouver des pratiques dont on va pouvoir dire que ça existe chez les animaux et on pourra aussi bien dans l'autre sens dire que ça n'existe pas… il y a de tout, vous comprenez. C'est tellement varié qu'on trouve des exemples de tout et des contre-exemples de tout. Donc je pense que ce n'est pas pertinent comme méthode intellectuelle à cause de cela, vu que c'est le chaos, plus exactement que ce qu'on appelle le chaos, c'est la nature. Et ça, j'en suis maintenant totalement convaincue.

M. Saigal : Et je crois ce qu'il y a de plus ironique et de curieux, c'est que l'homosexualité, me semble-til, est étroitement liée à la mère, peut-être pas dans tous les cas mais dans…

J. Hyvrard : Mais bien sûr…

M. Saigal : Tout ce qui est lié à la mère, l'hostilité à la mère, l'étouffement de la mère, la castration de la mère, tout ce qu'on raconte, bien sûr tous les clichés qu'on raconte.

J. Hyvrard : Peut-être, mais surtout qu'on reste dans la fusion, surtout qu'on reste dans la fusion. C'est-à-dire l'homosexualité qu'est-ce que c'est ? C'est qu'on ne veut pas en quelque sorte de ce mélange intime qui est à la fois d'opposition et de mêlement quand même avec l'autre, évidement, bien sûr. C'est-à-dire que l'homosexualité, c'est l'évacuation de l'autre. Et pas d'autre, et bien oui parce que pas de soi, l'autre n'a de sens que par rapport à soi.

C'est-à-dire ou bien il n'y a rien, c'est la fusion avec la mère, c'est l'état fusionnel, prénatal ou périnatal et en suite pour en arriver à s'affirmer soi comme un individu, comme un être, comme un étant il faut aussi admettre l'autre.

La plupart des gens n'arrivent jamais à ce stade j'en suis convaincue au sens où j'observe que malheureusement la plupart des gens n'arrivent jamais au stade où il y a un autrui. Je crois que c'est Alain Ouaknin, vous voyez qui c'est, un rabbin qui a écrit un livre qui s'appelle – il en a écrit toute une série – *Rire aux éclats* et puis *L'éloge de la caresse* enfin, je crois des titres comme ça, et qui dit : « Autrui est une possibilité jamais une certitude ». Je trouve cela très intéressant parce que le système occidental fonctionne sur un autrui qui est considéré comme existant, alors que la plupart du temps autrui n'est pas et qu'on a en face de soi quelqu'un qui n'a jamais réussi à faire un développement psychique suffisant pour se percevoir comme existant au milieu, à côté, en face d'autres individus qui ont les mêmes droits que lui. Est-ce que vous me comprenez ? On observe que statistiquement cela est très juste.

M. Saigal : Oui, parce que pour pouvoir accepter l'autre, il faut se sentir comme un être complet en soi, sinon on fait alors du cannibalisme.

J. Hyvrard : C'est tout à fait ça et comment ! Écoutez, j'ai été très frappée par un psychanalyste qui m'a dit un jour (comme je débattais avec lui du nazime), « on naît (au sens de naître, du verbe naître), on naît « nazi » et dans le meilleur des cas on cesse de l'être ». Je trouve ça très intéressant justement par rapport à la question du cannibalisme et à celle de la mère, c'est-à-dire considérer l'autre comme une proie sur laquelle on a tous les droits. C'est en quelque sorte la norme du petit enfant pour qui sa mère est une chose, c'est le sein qu'on va plus ou moins malmener, qui va nourrir, qui va s'occuper d'évacuer les excréments. Cette espèce d'état fusionnel périnatal, c'est la base. Ce n'est pas pour faire de la psychanalyse de bazar, mais cela a quand même sa réalité.

Cette espèce de symbiose entre la mère et l'enfant pour certains n'est jamais rompue. C'est-à-dire que beaucoup de gens, je le constate dans la société d'aujourd'hui, continuent à fonctionner sur ce modèle. Ces gens-là ont une structure psychique dont on peut craindre que dans certains contextes historiques, elle les amène à des choses extrêmement dramatiques parce qu'ils vont considérer tout un chacun comme leur propriété, sans même percevoir que c'est un individu. Pourquoi ? Parce qu'eux-mêmes ne se considèrent pas comme existant parce qu'ils continuent dans leur intérieur à vivre cette symbiose maternelle et cannibale et ils vont donc, quand ils vont être en rapport, si l'on peut dire avec des guillemets, avec « quelqu'un d'autre », ils vont le considérer comme une proie. Je pense les propos de ce psychanalyste sont justes à condition de ne pas passer sous silence la spécificité de la Shoah, ses conditions historiques et culturelles. Il y a quelque chose de vrai dans ce qu'il dit, c'est que tuer l'autre pour en faire sa proie et sa chose on pourrait presque dire que c'est naturel. C'est-à-dire que dans la nature tout un chacun est la proie de l'autre et que c'est ensuite la construction d'une société humaine avec ce qu'on peut appeler la loi (que moi j'appelle la forme mais cela revient au même car si on fait la synthèse de la loi et de la forme on peut dire la constitution), c'est ce qui s'oppose à ce cannibalisme et qui dit : « tu as peut-être envie de le faire mais tu ne le feras pas » et que cela devient un absolu que l'on doit respecter. Voilà ce qui constitue la société et l'humanité au sens de notre société culturelle. Celle née dans le bassin méditerranéen et ayant inventé une société que l'on peut qualifier d'humanisme. C'est-à-dire que cet état de nature où l'autre est une proie dont on peut tout faire, et bien la culture nous dit, la culture humaine humaniste nous dit : « et bien non, ça tu ne le feras pas ».

Beaucoup de gens n'arrivent jamais à ce stade là. Que dites-vous d'une telle chose ?

M. Saigal : Je suis tout à fait d'accord. C'est toujours la loi de Darwin, la loi du plus fort.

J. Hyvrard : Oui, oui c'est ça…

M. Saigal : Et plus on est, et plus on manque de cet équilibre interne, plus on s'attaque à l'autre et plus on en fait sa proie.

J. Hyvrard : Pourquoi, pourquoi ?

M. Saigal : Pourquoi ? Pourquoi est-ce qu'on s'attaque à l'autre ? Pour se sentir supérieur peut-être, pour se valoriser, alors on dévalorise l'autre pour se valoriser, on tue l'autre pour s'attribuer plus de force.

J. Hyvrard : Là, il me semble qu'il y a tout un trou noir que je ne comprends pas bien et vous avez certainement raison parce que le sens de l'observation scientifique, quand je regarde agir les gens et que j'essaye de comprendre leur motivation et les mécanismes, j'observe ce que vous dites. Mais tout de même, moi je me demande comment cela se fait au sens de « qu'est-ce qui fait que certains ont manifestement besoin d'une telle chose et d'autres pas » ?

M. Saigal : Non, parce que je crois que tout est relié ; relié à la force intérieure et je crois que c'est la base du problème que l'on a avec les minorités, ou l'anti-sémitisme et tout ceci c'est parce qu'on a besoin de trouver un bouc-émissaire. On a besoin de s'assumer et au lieu de s'assumer soi-même, on essaye d'accuser les autres et de trouver une raison qui pourrait expliquer notre déficience intérieure. Alors on dit les Juifs sont avares, les Juifs ceci, les Juifs sont les riches etc… les Noirs sont sales, les Arabes ceci, cela. Je crois que l'on a besoin de trouver une raison concrète pour se rassurer. C'est une projection de sa propre faiblesse, je crois.

J. Hyvrard : Tout cela c'est, comment dire, de la projection…

M. Saigal : de sa propre faiblesse…

J. Hyvrard : Incapable de se constituer comme un individu et comme une personne, on est obligé de faire jouer à autrui des rôles qui nous permettent de nous inventer une identité artificielle qui en fait n'est qu'un pouvoir. Il faudrait peut-être alors chercher dans le sens de mes premiers livres, dans *Mère la mort* et dans *La Meurtritude*, qui traitaient en effet de l'articulation du pouvoir et de l'identité .

M. Saigal : Je crois que vous avez mis le doigt dessus. C'est le pouvoir.

J. Hyvrard : On est bien obligé de constater qu'il y a en effet des gens qui sont malades du besoin de pouvoir, cela me paraît fou car, en ce qui me concerne, le pouvoir est quelque chose qui m'est totalement étranger.

M. Saigal : C'est encore une fois lié au contrôle.

J. Hyvrard : Alors pourquoi ?

M. Saigal : Pourquoi ?

J. Hyvrard : C'est vrai qu'on observe que la notion de contrôler est importante pour eux mais pourquoi ?

M. Saigal : Parce que si on n'est pas en contrôle, alors, il faut faire confiance à l'autre et on ne sait pas si l'autre va agir de la façon que l'on aimerait tandis que si l'on est en contrôle, on se sent plus en sécurité. C'est un désir d'être plus sécurisé je crois. Si on a une force intérieure, on a une sécurité intérieure et on n'a pas besoin de l'approbation de l'autre. Pour certains, il est très important de plaire à l'autre. Pourquoi ? Parce que l'on est tellement peu sûr de soi à l'intérieur qu'on a besoin de la mère peut-être, car c'est la mère qui rassure l'enfant, c'est la mère qui le réconforte, qui donne son approbation. Il me semble que c'est toujours lié à cette force intérieure.

J. Hyvrard : C'est ce que j'allais dire. J'allais faire des connections de ce genre sur le contrôle. Ces gens qui aiment tellement contrôler, je les observe en effet, on en voit beaucoup autour de nous.

Pourquoi ? Et bien peut-être que le contrôle a comme fonction d'empêcher autrui d'affirmer sa spécificité, c'est-à-dire d'empêcher autrui d'exprimer ce qui ferait que l'on ne pourrait plus s'imaginer qu'autrui c'est soi. Autrement dit, ces gens qui sont malades du pouvoir ce sont en effet les Narcisses, et ils se servent de tout un chacun pour se renvoyer une image d'eux-mêmes favorable. Il n'y a pas pour eux d'autrui, mais des gens dont ils vont se servir comme des miroirs.

M. Saigal : C'est ça...

J. Hyvrard : Et si le miroir se met à avoir de l'autonomie et à s'exprimer comme un individu on pourrait dire que le charme est rompu, donc le contrôle, moi c'est ce que j'observe, consiste à empêcher le candidat autre, le candidat autrui, l'autre potentiel à s'affirmer comme une personne différente. Ils restent donc dans leur bulle où il n'y a qu'eux et des miroirs qui leur renvoient une image favorable d'eux. Hein ? On est d'accord là-dessus ? Bon...

M. Saigal : Oui, c'est très bien, cela est très bien dit.

J. Hyvrard : Je suis bien contente parce que je découvre la suite de l'explication en conversant avec vous, c'est tout à fait cela, oui.

M. Saigal : C'est très juste et ces gens qui ont cette soif de pouvoir sont encore en symbiose avec la mère.

J. Hyvrard : Exactement, c'est tout à fait cela.

M. Saigal : Et ils n'ont peut-être pas eu assez de père.

J. Hyvrard : Tout à fait... Peut-être, de père dans le sens traditionnel, c'est-à-dire le troisième terme qui va rompre la symbiose entre la mère et l'enfant et qui va introduire la loi au sens de la société, l'existant social, c'est-à-dire : « tu n'es pas tout seul ».

M. Saigal : Et ce qui est curieux, c'est que ces gens-là sont très souvent des hommes, je ne veux pas dire que ce sont toujours des hommes car, bien sûr, il y a des femmes aussi.

J. Hyvrard : Ecoutez, moi je dirais, je tiens beaucoup à cela, c'est un petit peu en rapport aussi avec le ou la logarque. Je vous assure qu'il y a aussi des femmes

M. Saigal : Ah oui, c'est sûr, je le sais.

J. Hyvrard : Alors, dans ma communication « la logarchie à bord des Sciences Sociales », je dis qu'il y a des hommes et des femmes, c'est vrai ! Mais ce qui se passe, c'est que l'agencement de la société tel qu'elle est, favorise les hommes, c'est peut-être cela, c'est-à-dire que la société va valider ce comportement chez les hommes en acceptant ce comportement comme normal. Alors que la société l'acceptera moins chez une femme. C'est-à-dire que le pouvoir chez une femme ne sera pas connoté favorablement du point de vue social. C'est peut-être cela qui vous fait dire que vous le voyez surtout chez les hommes. Puis peut-être aussi qu'en Amérique du Nord, moi je dirais dans la mesure où la différence sexuelle a davantage tendance à s'y abolir pour le meilleur et pour le pire, peut-être que vous avez là en effet davantage l'occasion d'observer pour les hommes, que cela est possible. Mais moi je vous dirai que si je fais des statistiques autour de moi, je vois autant de femmes que d'hommes. Si je fais un relevé de ce type de comportement que j'ai pu observer chez chacun ou chacune, vraiment il y a autant d'hommes que de femmes.

M. Saigal : Il me semble que c'est plus accepté chez l'homme parce que, puisque la femme est sensée être… Enfin, les hommes n'aiment pas être très manipulés, ce n'est pas un bon terme, par les femmes où gouvernés par les femmes, dominés par les femmes.

Pause.

J. Hyvrard : On reprend. Alors est-ce qu'on peut résumer ?

M. Saigal : Oui.

J. Hyvrard : Alors, résumons ce que nous avons dit. Nous en étions à nous demander pourquoi certains étaient en situation de ne se préoccuper que d'eux-mêmes et surtout à aucun moment de ne se gêner pour autrui et vous disiez que c'est la question de la mère en eux qui manque. Je vous ai donc demandé de préciser ce que peut vouloir dire ce concept de la mère en eux et nous sommes tombés d'accord sur l'idée que cela pouvait être non seulement nourrir l'autre mais aussi aller jusqu'à se sacrifier pour l'autre. Je vous ai donc proposé de relier cela à la transcendance, à savoir que la mère en soi, c'est peut-être simplement la capacité d'accéder à la transcendance, c'est-à-dire finalement se sacrifier, soit pour un autre soit pour quelque chose de plus grand que soi. Nous en étions là. Donc en continuant à cheminer dans notre réflexion communne nous avons constaté que ces gens-là ont l'habitude de se servir des autres pour eux-mêmes, mais il me semble que là nous sautons un maillon ou que plus exactement ce maillon que nous sautons serait d'admettre une idée déplaisante, que ces gens là se considèrent d'une espèce supérieure. Qu'en dites-vous ?

M. Saigal : Oui, ils se considèrent d'une espèce supérieure mais dans le fond ils se sentent inférieurs.

J. Hyvrard : C'est-à-dire, allez-y développez !

M. Saigal : Dans un sens il me semble qu'à l'intérieur il y a un certain déséquilibre et qu'ils ont besoin justement de se nourrir de l'autre pour combler cette espèce de vide en eux. Je ne sais pas d'où vient ce vide, mais je crois que c'est cela.

J. Hyvrard : Là, ce sont mes outils d'économie et c'est tout ce qui se passe. C'est la capitalisation sauvage qui est à l'œuvre, la substitution, enfin toutes sortes de choses sur lesquelles je suis en train de travailler et que j'essaye de tirer au clair. Est-ce que ce n'est pas qu'ils ont besoin d'arracher à l'autre quelque chose qui est l'autre pour le faire eux-mêmes ! C'est-à-dire en terme de dévoration cannibale, d'arracher un morceau d'autrui pour le manger et en terme plus abstrait et psychologique, de prendre quelque chose qui est à l'autre pour le faire sien en aliénant l'autre ? Suis-je assez claire ? C'est-à-dire de se substituer à l'autre ! Par exemple : là où l'autre aura fait quelque chose de positif pour employer le vocabulaire nord-américain, et bien Narcisse le confisquera pour faire croire que c'est lui ou elle qui l'a fait pour se l'attribuer. Tel le geai paré des plumes du paon sauf que pour finir je ne me rappelle plus la fable dans le détail si ce n'est que le paon en meurt cannibalisé. Cette idée se retrouve dans l'histoire de *La Jeune Morte en robe de dentelle* : la fille ne peut rien faire pour s'exprimer, pour être et vivre sans que la mère le ramène tout à elle, comme si c'était elle qui l'avait fait.

M. Saigal : Mais il me semble que cela signifie, encore une fois, prendre l'autre comme la mère, prendre l'autre dans le rôle de mère dans le sens du terme, de celle qui donne, de celle qui crée.

J. Hyvrard : De celle qui donne et qui crée, ou à qui on prend, donc c'est pour quoi je dirai là que le mot de « bonne mère » ne paraît pas pertinent.

Pour finir, je vais vous raconter petite anecdote convernant *Les Poèmes de la petite France* qui ont paru dans la revue *Trois*. Je n'ai pas eu l'occasion de vous le dire, je vous le montrerai tout à l'heure. Donc il y a un poème où on parle du bol que m'a donné ma mère et un autre de la lampe de mon père. Comme c'était accessible, chaleureux et affectueux pour mes parents, qui, comme vous le savez ne s'intéressent pas du tout à ce que je fais littérairement, je leur ai montré la revue dans laquelle ces petits poèmes étaient parus ... et ils n'ont fait aucun commentaire.

Jeanne Hyvrard, pour terminer, lit les deux poèmes de son receuil *Les Poèmes de la petite France* dans lesquels elle parle de ses parents :

Je m'éveillerai un vrai matin
Dans une maison de campagne

Aux fenêtres embuées
Et aux papiers fleuris.
Un homme complaisant
M'apportera au lit
Du café dans un grand bol
Qu'aura donné ma mère
Le chat légitime
Sera étendu dessus la couverture
Les autres vaqueront dans les près
La rumeur du monde
S'assourdira à l'horizon
Je songerai aux fraisiers à planter
Et au creux de mes reins
L'armure rhumatismale
Me fera souvenir de toutes mes batailles.

Et un autre…

Avec la lampe de mon père
Je vais au jardin
Voir si les plantes
N'ont besoin de rien
Il fait nuit noire
Partout c'est la guerre
Un agneau est mort
Avant même de naître
Qui le lui reprocherait

Decoding *Antillanité* : « Caribbean Discourse » in Jeanne Hyvrard's *Prunes de Cythère*

by Jeanne Garane

Résumé : Suivant sa publication en 1975, le premier roman de Jeanne Hyvrard, Les Prunes de Cythère, a contribué à la création du mythe de « l'antillanité » de son auteur. En effet, le texte emprunte d'importants éléments au « discours antillais », et en fait des analogies dans le discours hystérique de la narratrice, Jeanne la Folle. La présente étude examine les conséquences discursives de ce qui s'avère être une idéologie universalisante dans la mesure où le texte pose une équivalence entre « la fémitude » et la négritude.

> « Si la légende de mon antillanité persiste alors que la réalité est connue, c'est qu'elle est signifiante. Il reste à la décoder ».
> Jeanne Hyvrard, « A bord de l'écriture »[1]

When Jeanne Hyvrard's first novel *Les Prunes de Cythère*[2] appeared in 1975, its author was thought to be a black West Indian woman. As Hyvrard (the name is a pseudonym) explains in « A Bord de l'écriture » :

> née à Paris de parents parisiens, on m'a crue femme noire et déclarée représentative de la littérature antillaise. Il ne s'agissait pas d'une mystification que j'aurais imaginée, mais d'une affirmation de la rumeur publique, rendue possible par l'absence de photographie accompagnant mon premier livre[3] .

It was more than the absence of a photograph, however, that fueled the rumors. In fact, Hyvrard borrows from the Antillean « crisis of

---

[1] J. Hyvrard, « A Bord de l'écriture », in *L'Ecrivain et l'espace. Communications de la douzième rencontre québecoise internationale des écrivains tenue à Québec du 27 avril au 1er mai 1984*, Montréal, L'Hexagone, 1984, pp. 29-46.

[2] J. Hyvrard, *Les Prunes de Cythère*, Paris, Minuit, 1975.

[3] J. Hyvrard, « A Bord de l'écriture », *op. cit.* pp. 29-30.

identity » and endows her hysterical narrator, Jeanne la Folle, with its discourses. At the outset, the text is dedicated to a « nègre inconnu », presumably to one whose death in slavery went unrecorded in official colonial history. Jeanne la Folle rejects the negative, appropriating « Mère l'Angoisse », or « Mère la Mort », who is white, for an idealized black « Mère l'Afrique », symbol of a negritudist Africa as Origin[4].

To express her hysteria, Jeanne la Folle speaks metaphorically both as « la négresse crucifiée dans un champ de cannes pour avoir volé la parure des Blancs »[5] and as « le sale petit nègre qui ne parlera jamais français »[6]. In the wake of the rumors concerning Hyvrard's origins, some critics have tried to dispel what Jennifer Waelti-Walters and Maïr Verthuy-Williams call the « myth that transformed Jeanne Hyvrard into a West Indian »[7]. As Laurie Edson writes in the afterword to Hyvrard's *Mother Death*,

> Hyvrard was born in Paris and is an economist by profession... Although elements in her writing have led some critics to characterize her as a representative of Caribbean literature,...

---

[4] See L. S. Senghor's negritude poem « Femme noire », where Africa, symbolized by Black Woman, becomes the «Terre promise» (l.5) in *Chants d'ombre*, Paris, Seuil, 1945.

[5] This statement is only one in a series of metaphors which convey what Jeanne la Folle sees as the similarity between women's suffering and that of other oppressed groups. The paragraph continues :

> Je suis le cri de la folle qu'on enferme, de l'enragée qu'on étouffe, du condamné qu'on guillotine, de l'adolescent qu'on eunuque, du déporté qu'on matricule, de l'étranger qu'on expulse, du gréviste qu'on cayenne, du déserteur qu'on fusille, de la fille à marier qu'on falbala... Je suis les doigts coupés aux violons des machines, les poumons brûlés aux acides, les os fracturés aux échafaudages. Les corps concassés dans les mortiers, étalés dans les cuves, coulés dans le béton. J. Hyvrard, *Les Prunes de Cythère*, *op. cit.*, pp. 48-49.

[6] J. Hyvrard, *Les Prunes de Cythère*, *op. cit.*, p. 232.

[7] Jennifer Waelti-Walters and Maïr Verthuy Williams, *Jeanne Hyvrard*, Amsterdam, Rodopi, 1988, p. 10.

> Hyvrard is, in fact, French : « French, hexagonal, and white like all my ancestors »[8].

Whatever Hyvrard's *filiation*, the fact that she is a white Parisian from the *métropole* should not lead to a dismissal of the « Caribbean »[9] elements in *Les Prunes*. In this study, then, somewhat like the asylum's « infirmière à grandes mains » who comes to lead Jeanne la Folle to the interrogation, I propose to analyze the narrator's hystericized construction of certain « Caribbean » questions of identity, language, and space, as they become metaphors for her own quest for *le féminin*[10]. I investigate the ways in which the text links hysteria[11], what Jeanne la Folle

---

[8] Laurie Edson, Afterword, *Mother Death*, Trans. Laurie Edson, Lincoln, University of Nebraska Press, 1988, p. 111.

[9] In this study I restrain my field of reference to the « French » West Indies, even though, as P. Hulme shows in *Colonial Encounters : Europe and the Native Caribbean 1492-1797*, London, Methuen, 1986, the « Caribbean » is a geographical as well as a discursive entity with a shared history that largely transcends such distinctions.

[10] For M. Marini, « le féminin » is «non soumis au sexe masculin comme seul capable de signifier la différence des sexes dans l'ordre de la représentation... le *féminin*...échappe à la féminité ». *Les Territoires du féminin avec Marguerite Duras*, Paris, Minuit, 1977, p. 40. In this study I will be using « le féminin » in the sense defined by Marini, since this is closest to Hyvrard's use of the word.

[11] In « La Tache aveugle d'un vieux rêve de symétrie », a meticulously critical reading of Freud placed at the beginning of *Speculum de l'autre femme*, Paris, Minuit, 1974, pp. 80, 86, L. Irigaray sees hysteria as the result of the repression of female sexuality :

> La fillette, évidemment, ne sait pas *ce* qu'elle a perdu dans la découverte de sa « castration », ni dans la « ruine » consécutive de ses rapports à la mère, et aux autres femmes. Elle n'a alors aucune *conscience* de ses pulsions sexuelles, de son économie libidinale, et singulièrement pas de son désir originel, de son désir d'origine. Il s'agit bien là pour elle, et à plus d'un titre, d'une « perte » échappant radicalement à toutes représentations... Le choix qui se propose à elle serait... entre une censure radicale de ses pulsions – qui aboutirait à la mort – et leur traitement, conversion, hystériques.

calls her « fémitude »[12], colonization[13], and negritude[14], in order to determine whether her desire to decolonize herself depends on casting Africans and native Caribbeans in the role of essential (m)others and thus colonizing them again.

Hysteria and the Quest for *le féminin*

> Comme je descendais des Fleuves impassibles,
> Je ne me sentis plus guidé par les haleurs
> [...]
> Et dès lors, je me suis baigné dans le Poème de la Mer
> [...]
> J'ai suivi, des mois pleins, pareille aux vacheries
> Hystériques, la houle à l'assaut des récifs
> [...]
> J'ai vu des archipels sidéraux! et des îles

---

[12] F. d'Eaubonne defines « féminitude » as « notre condition de femme », « ce mal d'être femme ». F. d'Eaubonne, *Le Féminisme ou la mort* , Paris, Horay, 1974, pp. 15-16. In *Les Prunes*, d'Eaubonne's *féminitude* becomes Jeanne la Folle's « fémitude » (62).

[13] In « Under Western Eyes », C. T. Mohanty provides a useful definition of « colonization » and the problematics of its contemporary usage :

> From its analytic value as a category of exploitative economic exchange in both traditional and contemporary marxisms... to its use by feminist women of color in the U.S. to describe the appropriation of their experiences and struggles by hegemonic white women's movements, colonization has been used to characterize everything from the most evident economic and political hierarchies to the production of a particular cultural discourse about what is called the « Third World ». However sophisticated or problematical its use as an explanatory construct, colonization almost invariably implies a relation of structural domination, and a suppression – often violent – of the heterogeneity of the subject(s) in question (333). C. T. Mohanty, « Under Western Eyes : Feminist Scholarship and Colonial Discourses », *Boundary* , 2 12/13, Spring/Fall, 1984, pp. 333-58.

[14] L. S. Senghor defines Negritude as « l'ensemble des valeurs de civilisation du monde noir ». In L. Kesteloot, *Les Ecrivains noirs de langue française : Naissance d'une littérature*, Bruxelles, Université Libre de Bruxelles, Institut de Sociologie, 1965, p. 111.

Dont les cieux délirants sont ouverts au vogueur

Arthur Rimbaud, *Le Bateau Ivre*

In her quest to decolonize the wor(l)d and to recover a lost *féminin*, Jeanne la Folle's hysterical counter-discourse seeks a new syntax of the self. To those « générateurs d'ordre » who would attempt to impose syntactic or semantic coherence on Jeanne la Folle's unreasonable text, she promises : « je dirai... (m)es vaisseaux d'outre-raison qu'ils naufragent aux récifs de la syntaxe ».[15] Jeanne Hyvrard's comparison of her writing to « un hydre dont les te(x)tes repoussent d'autant plus qu'on tente de les couper »[16] is an apt description of *Les Prunes de Cythère*, a fragmented, non-linear narrative. Despite the jumbled sequence of events, key fragments can be described and interpreted even though *Les Prunes de Cythère* has no « plot ». It is a disjointed (interior) travelogue of the self, where Jeanne la Folle's « mille moi éclatés »[17] obsessively recount bits and pieces of recurrent *Voyages à Cythère*. Cythera represents one of the stages in a voyage through the spaces of the female self that are colonized within the structures of patriarchal language and culture.

In the opening pages of the work, Jeanne la Folle listens for hours on end to the outside world from within an asylum that has « [des] draps toujours blancs » and « [des] lits de fer alignés dans les grandes salles »[18]. Although she never directly states that she is an hysteric, and the term « hysteria » is never mentioned, she describes the symptoms of the malady : « L'angoisse incoercible. Déraisonnable. La bave au coin des lèvres. La langue mordue. Les bras tendus. Le corps arc-bouté. Les doigts écartelés. Les plantes de

---

[15] J. Hyvrard, *Les Prunes de Cythère*, *op. cit.*, p. 12.
[16] J. Hyvrard, « A Bord de l'écriture », *op. cit.* p. 33.
[17] J. Hyvrard, *Les Prunes de Cythère*, *op. cit.*, p. 181.
[18] *Ibid.*, p. 17.

pieds retournées. La fixité. Le corps comme un pont au-dessus du grand refus »[19]. The text's gaps and incoherencies bring to mind Freud's comparison of the life stories of hysterics to an « unnavigable river whose stream is at one moment choked by masses of rock and at another divided and lost among shallows and sand banks »[20]. According to Freud, hysterics can provide information concerning certain periods of their lives, « sure to be followed by another period as to which their communications run dry, leaving gaps unfilled, and riddles unanswered »[21]. Freud emphasizes the patients' inability to provide an ordered life history, stressing the tendency to alter the chronological order of events as well as the connections between them : « The connections – even the ostensible ones – are for the most part incoherent, and the sequence of different events is uncertain »[22]. Like Freud's hysterics, Jeanne la Folle's paratactic text juxtaposes events and condenses people, space, and time. As she explains,

---

[19] *Ibid.*, p. 16. Jeanne la Folle's symptoms correspond to the phases of « convulsive attacks » described in Freud's essay, « Hysteria ». The first phase resembles a « common epileptic fit ». The second phase, « that of the *grands mouvements*, manifests... arched attitudes..., contorsions and so on... The third, hallucinatory phase of a hysterical attack, the *attitudes passionnelles*, is distinguished by attitudes and gestures which belong to scenes of passionate movement, which the patient hallucinates and often accompanies with the corresponding words ». S. Freud, *The Standard Edition to the Complete Psychological Works*, 24 vols, London, Hogarth Press, 1953-1974, Trans. J. Strachey, A. Freud, A. Strachey, and A. Tyson. Ed. J. Strachey, vol 1, pp. 42-43. Paralysis can also occur. « In hystero-epilepsy attacks of general convulsions are observed, as in epilepsy... The patients fall down with a loud cry and are seized with convulsions, they foam at the mouth and their features are distorted ». S. Freud, *Standard Edition*, *op.cit.* p. 58. Despite my reliance on Freud's definition and symptomatology of hysteria, I do not adhere to his view that hysterics « imagined » or even secretly desired paternal sexual aggression. L. Irigaray censures Freud's insensitivity to this issue in « La Tache aveugle d'un vieux rêve de symétrie », *op. cit.* pp. 40-42.

[20] S. Freud, *Standard Edition*, vol. 7, *op.cit.*, p 16.

[21] *Ibid.*

[22] *Ibid.*

> dans ma tête, le temps et l'espace ont commencé à se fondre. Je n'avais plus d'adresse que les années... Dans ma tête, j'ai commencé à ne plus savoir la ville. A ne la reconnaître que comme un temps. L'arrondissement dérapait toujours vers le même millésime où ils m'avaient emmenée. Alors ils m'ont enfermée[23].

Despite the fragmentation and condensation, *Les Prunes* contains several recognizable « stories » or scenarios. Jeanne la Folle is put into a psychiatric hospital. Her interior monologue tells a story of oppression in institutions : schools, convents, hospitals, nursing homes, the Western nuclear family, and Western consumerism. In addition to her mother, Jeanne also has a father who may have died several years ago, a grandmother who has been put into a nursing home, a sister, perhaps a brother, and a friend to whom she refers as her « Compagnon d'Outre-Raison » (*passim*). As a young girl, she seems to have been raped in the Bois de Boulogne by a man on a motorcycle and/or in an elevator, may have committed incest with her father or brother ; seems to have had one or several miscarriages or abortions, or has even killed her child ; and may have a living daughter.

Still other fragments construct other scenarios : Jeanne la Folle, a white creole whose ancestors or immediate parents immigrated from France to the French West Indies, is paralyzed and spends her days sitting with a plaid blanket on her knees[24]. Désirade, a black servant, cares for her, but she is an ambivalent figure. On the one hand, Désirade triggers images of the archaïc and good mother, « Mère l'Afrique ». On the other, as the servant of Jeanne la Folle's mother, « Mère la Mort », or « Mère Angoisse », she becomes by association a threatening figure. Désirade is present

[23] J. Hyvrard, *Les Prunes de Cythère*, *op. cit.*, p. 30.

[24] These elements of Jeanne la Folle's « life story » – incest, rape, (imagined) pregnancy, and paralysis – were considered by Freud as elements of the fantasies accompanying hysteria. Female analysts such as Luce Irigaray argue that for hysterics, rape and incest are not merely mental visions, but can very well constitute physical realities.

both in the fragments portraying the days of slavery on the sugar plantations and in the twentieth-century tale of disaster in a decaying house, where Jeanne la Folle is bedridden because she is pregnant or has just miscarried, or is mourning a still-born infant.

The narrative unfolds simultaneously in France and the Caribbean, and juxtaposes both chronology and geography. As the narrator suggests in the following passage, « dès le début, j'ai vu l'arbre de Cythère. L'aéroport inondé de flaques d'eau tiède, les bâtiments branlants, casemates miteuses d'un poste d'outre-mer »[25]. After the reference to the twentieth-century airport, and following a description of « l'efflorescence des casques coloniaux des membres de l'administration, les bakouas populaires, les mouchoirs bigarrés des matrones », the narrator asks, « ou bien est-ce l'aube qui blanchit dans les jardìns du Vésinet », near Paris. Here, the text speaks of a twenty-year-old woman who has traveled « des semaines de vapeur » to join her lover « à l'autre bout du monde »[26]. But three lines later the narrator mentions « les carrelages vulgaires d'un marché aux poissons » in an unnamed Antillean city, adding, « à moins que ce soit seulement ceux de la pièce où ils l'ont enfermée ». Within the same paragraph, the narrator thus moves from the twentieth century to the nineteenth (suggested by the « bateau à vapeur »), from « je » to « ils », and from France to the Caribbean, signaled by the Martinican place names, « Sainte Thérèse. Trenelle. La Redoute »[27].

Jeanne la Folle claims to be « the memory of the world » that screams « from a thousand mouths »[28]. Yet she seems to be confined to a hospital bed and compares herself to someone

---

[25] J. Hyvrard, *Les Prunes de Cythère*, *op. cit.*, p. 30.
[26] *Ibid.*, p. 31. The couple remains anonymous. Perhaps they are Jeanne la Folle's ancestors. In any case they emphasize the colonial presence in the West Indies.
[27] *Ibid.*, p. 31.
[28] *Ibid.*, p. 57.

shipwrecked. The outside world reaches her by radio and it is never clear whether she ever physically leaves the asylum. From her « radeau », or hospital bed, Jeanne la Folle is thus like the poet in Rimbaud's *Bateau Ivre*, who has seen « des archipels sidéreaux! et des îles » in a « Poème de la Mer »[29]. Her text, however, is just as much a poem of « la mère » as it is of « la Mer ». Where Rimbaud's project was to « arriver à l'inconnu par le dérèglement de tous les sens », Jeanne la Folle attempts to discover, or perhaps more accurately, to recover, *l'inconnue*, the pre-oedipal mother, through the use of syntactic and semantic inventions that are « les lambeaux, les grigris, les talismans d'un féminin dépossédé »[30]. The difficulty of recovering this lost *féminin* is manifested in the labyrinthine quality of *Les Prunes*, which can be compared to Freud's « unnavigable rivers », Rimbaud's « fleuves impassibles » or Jeanne Hyvrard's « corps féminin avec ses fluides, ses humeurs, ses marécages »[31]. In the *va-et-vient* between Europe, Africa, and the Caribbean that constitutes *Les Prunes*, geographical location functions as a metaphor of fractured subjectivity, and the narrator's search for *le féminin* is couched in terms of terrain. Through the disjointed discourses of hysteria, Jeanne la Folle's mad writing maps a no-(white)man's land which seeks to discover « de nouvelles terres et cré[er] un nouveau continent »[32], a « continent » where the female self could finally be represented in her own terms. Paradoxically, however, in Jeanne la Folle's text, the struggle against oppression by the Symbolic order is first fought with her mother, « Mère la Mort », or « Mère l'Angoisse ».

---

[29] A. Rimbaud, *Œuvres complètes*, éd. Antoine Adam, Paris, Gallimard, 1984, pp. 94, 200.

[30] J. Hyvrard, « A Bord de l'écriture », *op. cit.*, p. 33.

[31] *Ibid.*

[32] *Ibid.* p. 37.

Mère la Mort, Colonized Space, and *Mère l'Afrique*

Jeanne la Folle has been institutionalized because her struggle with « Mère la Mort », and her rejection of the patriarchal order that her mother represents, have « made » her hysterical. « Mère la Mort » trains her daughter to be desirable to men : « Essaie plutôt de sourire. Parle doucement... Sois surtout très polie. Tais-toi »[33]. She tries to construct a woman whose goal is marriage and the reproduction of the Same, the perpetuation of the patriarchal sex-gender system :

> Mais, tu te rends compte, si tu continues comme ça, tu ne trouveras pas à te marier. Tu vas rester vieille fille... Voyons, parle doucement. Une femme doit sourire... Moi, tu vois, quand ton père va rentrer, je me remets du rouge et de la poudre... Pas cette robe, ce n'est pas ton genre... Essaie quand même d'être plus coquette... Un mari, des enfants. Un métier. C'est déjà bien pour une femme[34].

Jeanne la Folle experiences the mother's power both as an exile from the pre-oedipal symbiosis in the womb, « Mère, reprends-moi dans le ventre de la forêt, quand l'angoisse cesse enfin. Dans la matrice des feuilles, je n'ai plus peur »[35] and as an expatriation from her own self, cast in terms of a mental and physical dispossession : « Oh, mère, mais ma vie à moi, tu me l'as volée »,[36] « Oh, mère, pourquoi m'as-tu ligaturé les membres, et le ventre, et la voix? Mère, mère, pourquoi m'as-tu dépossédée? »[37]

This conflict between mother and daughter leads Jeanne la Folle to turn to « Mère l'Afrique », who figures both the pre-oedipal unity from which Jeanne la Folle has been alienated as well as the (utopian) possibility of a unified female subjectivity. Hence

---

[33] J. Hyvrard, *Les Prunes de Cythère*, *op. cit.*, p. 29.
[34] *Ibid.*, p.17.
[35] *Ibid.*, p. 63.
[36] *Ibid.*, p. 47.
[37] *Ibid.*, p. 76.

the refrain, « ils m'ont arrachée à toi, Mère l'Afrique. Ils m'ont déportée outre-raison, où il n'y a plus ni temps ni espace »[38]. Jeanne la Folle's deportation « outre-raison » (*passim*) recalls the term, « outre-mer », as in « les départements d'outre-mer et les territoires d'outre-mer », the French territories beyond Europe. By extension, the term « outre-mer» suggests that the daughter's exile « outre-mère » is the cause of hysteria, since the mother has also colonized her daughter's territories, Jeanne la Folle's body/language.In this « poème de la mère », then, the pre-oedipal mother represents a « homeland », or « pays natal » from which the « colonized » daughter is exiled by the (European) mother who enforces the Father's Law. Transposed within a West Indian colonial context, the relations between mother and daughter become emblematic of colonial geo-politics, and depict intimate connections between patriarchy and colonialism as well as the maternal and hysteria. For while Jeanne la Folle makes it clear that her hysteria is « caused » by her relationship to her mother, she never directly explains why this relationship is then transposed to a West Indian colonial context. Nevertheless, the term « outre-raison » and its association with *outre-mer/outre-mère* provide a clue, by associating women's exile from the pre-oedipal mother to the exile of the colonized[39].

As a hysteric, Jeanne la Folle relives the trauma of her « deportation » as a hallucinatory memory. According to Freud,

[38] *Ibid.*, p. 30.

[39] J. Hyvrard is not the first to make this analogy. L. Irigaray states that women are « expatrié(es) dans [le] discours » in *Parler n'est jamais neutre*, Paris, Minuit, 1985, p.11, while M. Marini writes that women have been « déportée[s] de fait dans le champ socio-symbolique uniquement masculin » in *Territoires du féminin*, *op.cit.*, p. 47. For H. Cixous, « on a colonisé leur corps dont elles n'ont pas osé jouir », *La Jeune née*, Paris, Union Générale des Editions, p. 125. Even F. Engels compares the exploitation of women to « domestic slavery » in *The Origin of the Family, Private Property and the State*, Peking : Foreign Language Press, 1978, p. 85.

« the core of an hysterical attack... is a memory, the hallucinatory reliving of a scene which is significant for the onset of the illness... the content of the memory is as a rule either a psychical trauma... or is an event which... has become a trauma »[40]. In *Les Prunes*, this trauma is the exile of women who must leave the mother behind to identify with the father and thus attain « normal » femininity[41]. Jeanne la Folle, who calls herself the « mémoire du monde » (*passim*) thus « remembers » the trauma of women's exile and, by analogy, the « trauma » of exile experienced by all colonized peoples.

In this connection, Jeanne la Folle's speech as « antillaise » can be viewed as a kind of hysterical pantomime, not of « normal » feminine sexuality, as psychoanalytic theory would have it, but of the West Indian identity crisis and « la folie antillaise »[42]. In *Les Prunes*, the difficulty of articulating the loss of *le féminin*, and the impossibility of stating exactly *what* has been lost, are translated by analogies drawn between women's « exile » or expatriation within masculine language, and the deportation and/or extermination of Africans, native Caribbeans, and Jews. For Jeanne la Folle, « c'est la déportation sans fin »[43]. From « Mère l'Afrique », Jeanne la Folle has been deported

---

[40] S. Freud, *Standard Edition*, vol. 1, *op. cit.*, p. 137.

[41] According to Freud, when the little girl discovers that she has no penis, she blames the mother and others of her sex for this « castration » and makes her father her primary love object. The little girl then gives up her active « phallic » activities, to enter a passive, « feminine » state. See S. Freud, « Three Essays on the Theory of Sexuality ». *Standard Edition*, *op.cit.*, vol. 7, pp. 207-230, « Female Sexuality » *Standard Edition, op.cit.* vol 21, pp. 225-243, « Femininity » *Standard Edition, op. cit.*, vol 22, pp. 112-135.

[42] On the notion of hysterical pantomime, see note 19. Concerning « a folie antillaise », see F. Fanon, *Peau noire, masques blancs*, Paris, Seuil, 1952, which, while a valuable tool for the study of colonialism in general, is specifically a study of French Antillean psychopathology. E. Glissant also discusses the problem of mental insanity in the islands in *Le Discours antillais*, Paris, Seuil, 1981.

[43] J. Hyvrard, *Les Prunes de Cythère*, *op. cit.*, p. 200.

« outre-raison » (*passim*). From Mère la Terre, the Indians have been « chassé[s] dans les mornes où rien ne pousse »[44], while in Europe, Jeanne la Folle remembers « les boutiques... avec leurs étiquettes jaunes et orange » and « le balancement des wagons remplis de déportés »[45]. « Colonization » thus becomes the metaphor which tries to circumvent « *l'aporie* du dire »[46] that inhibits the expression of *le féminin*. As Catherine Clément writes in « La Coupable », an essay on hysteria, « les symptômes hystériques, inscrits métaphoriquement sur le corps, sont éphémères, énigmatiques, et ne constituent un langage que par analogie »[47].

Jeanne la Folle's hysterical *corp(u)s*, is composed of metaphorical analogies threaded together intertextually, and the island of Cythera as emblem of colonized space is the primary image[48]. While Cythera is never depicted, intertextual references to Baudelaire's « Un Voyage à Cythère »[49], to Greek mythology, Martinican history, and *négritude* create a network of associations which link Mediterranean with Caribbean cultural references. The only direct reference to Cythera occurs in the adjectival phrase « de

---

[44] *Ibid.*, p. 161.

[45] *Ibid.*, p. 131.

[46] This expression is taken from L. Irigaray, *Parler n'est jamais neutre*, *op.cit.* p. 174, and occurs in a slightly different context.

[47] C. Clément et H. Cixous, *La Jeune Née*, *op. cit.* p.21.

[48] *Les Prunes de Cythère* is certainly not original in its metaphorization of « the island » as colonized space. See G. Lamming's pioneering essay, *The Pleasures of Exile*, London, Michael Joseph, 1960, which studies the parallels between Caliban in Shakespeare's *Tempest*, and the colonized West Indian. P. Hulme further examines the figures of Prospero and Caliban in *Colonial Encounters*, *op. cit.*, pp. 89-134. For a rewriting of *The Tempest*, see Aimé Césaire, *Une Tempête : d'après La Tempête de Shakespeare : adaptation pour un théâtre nègre*, Paris, Seuil, 1969.

[49] The text contains several references to Baudelaire's poem. For instance, « Ce n'est pas moi qui me pends aux arbres, le ventre ouvert, nourissant les corbeaux »(55) can be compared with Baudelaire's « corbeaux... qui aimaient tant à triturer ma chair ». Ch. Baudelaire, *Les Fleurs du mal*, Paris, Gallimard, 1972.

Cythère » and describes a certain West Indian tree and its fruit, the « prunier » and « prunes de Cythère », respectively. At the same time, this phrase calls to mind the Mediterranean island off the coast of Laconia that was colonized by the Phoenicians, who introduced the cult of Aphrodite there. In *Les Prunes de Cythère*, these two attributes, Cythera as colonized space, and Cythera as symbol of love merge in the hysterical daughter's expulsion from pre-oedipal maternal love and her consequent « colonization » within the symbolic.

Blanchitude, Fémitude, Négritude

Jeanne la Folle's attempts to reunite the « deux mondes séparés »[50] of the split subject are transposed in the explicit parallels drawn between negritude and « fémitude », where « two worlds » are brought together in search of an origin. In this section, I trace the modalities of the Antillean problem of identity, using Edouard Glissant's *Discours antillais* as a framework both for an understanding of negritude in a West Indian context, and for an analysis of the « Caribbean » as it is constructed in *Les Prunes de Cythère*.

Glissant traces Antillean history from the deportation of Africans into slavery to the twentieth-century policy of « assimilation ». Because the Martinican people were deported/imported, the lack of a pre-colonial « arrière-pays culturel » and the absence of un « arrière-pays physique étendu... ont fragilisé le travail d'émergence de l'identité du peuple martiniquais »[51]. This missing national identity led to the dual belief that the islands of the Caribbean could not survive economically on

---

[50] J. Hyvrard, *Les Prunes de Cythère*, *op. cit.*, p. 200.
[51] E. Glissant, *Discours antillais, op. cit.*, p. 189.

their own, and that their inhabitants were « French », whereas other colonized peoples retained their ethnic identities. This alienation reinforced a split so that Martinicans divided « leur existence entre une coupure béante, irréversible (d'avec la terre originelle d'Afrique) et une cassure douloureuse, nécessaire et improbable (avec la terre rêvée de France) »[52]. In comparison to Senghor's African version, « Caribbean » Negritude grew out of the historical necessity to reclaim an African heritage that had been repressed and disdained. Today, writes Glissant, « l'Antillais ne renie plus la part africaine de son être ». And from what could be called a post-negritudian optic, s/he does not need to « rejeter par tactique les composantes occidentales, aujourd'hui encore aliénantes, dont il sait qu'il peut choisir entre elles »[53]. Glissant thus proposes « une conception... métissée des cultures », along with the term « antillanité »[54], to include an African heritage in a specifically West Indian cultural production grounded in the Creole language. While Glissant compares the deportation from Africa to « [un] arrachement à la matrice originelle »[55], no real return to the (African) origin is possible ; Antilleans must therefore learn to put down roots in the Caribbean.

Jeanne la Folle does not share Glissant's evolutionary vision of « antillanité » as a step toward mending the split that once existed between France and Africa. In *Les Prunes*, this split is maintained and functions as a metaphor of Jeanne la Folle's own divided self. Indeed, in « A Bord de l'écriture », Hyvrard even qualifies Antillean space as « [un] hors-lieu ». In fact, after teaching political economy in Martinique for two years in the early 1970's, Hyvrard concluded that

---

[52] *Ibid.*, p. 18.
[53] *Ibid.*, p. 17.
[54] *Ibid.*, pp. 20, 182.
[55] *Ibid.*, p. 277.

> ... l'espace mental des Antillais n'était pas l'île de soixante kilomètres qu'ils habitaient, mais un lieu lointain, une Afrique maternelle et une France tutélaire, c'est-à-dire un ailleurs qui, mythique, pourrait être qualifié de hors-lieu[56]

In *Les Prunes*, this « France tutélaire » and « Afrique maternelle » become respectively Jeanne la Folle's (European) « Mère la Mort/Mère Angoisse » and the archaïc pre-oedipal « Mère l'Afrique/Mère la Terre ». Jeanne la Folle thus echoes Glissant's evocation of the « coupure béante » between Africa and France in the French West Indian « psyche »[57], but the split is maintained rather than overcome.

Jeanne la Folle's idolization of « Mère l'Afrique » as a « paradis perdu », a « terre heureuse... sans frontière et sans moi »[58], parallels Negritude's view of Africa as the origin to which the deported must return[59]. Images of the daughter's exile or deportation from the mother's body and those of the deportation of Africans from the « mother » continent are conjoined, as are notions of « fémitude »[60] and negritude :

> Je ne reverrai jamais la terre d'Afrique... Nous sommes cinquante millions de déportés... Ils m'ont vendue comme esclave... Mère, je veux rentrer chez moi dans ton ventre, quand ils ne m'avaient pas encore nommée...[61]

---

[56] J. Hyvrard, « A Bord de l'écriture », *op. cit.*, p. 30.

[57] Glissant posits a move beyond this geographical division. An example of a thwarted « return » to Africa, however, can be found in Guadeloupean Maryse Condé's early novel *Hérémakhonon*, Paris, Union Générale d'Editions, 1976, published a year after *Les Prunes*.

[58] J. Hyvrard, *Les Prunes de Cythère*, *op. cit.*, pp. 169, 217.

[59] See for example Senghor's « Femme noire », where Africa becomes the « Terre promise ». L. S. Senghor, *Chants d'ombre*, *op. cit.*, l.5.

[60] J. Hyvrard, *Les Prunes de Cythère*, *op. cit.*, p. 62.

[61] *Ibid.*, p. 165.

This conflation can be found repeatedly in women's texts from the 1970's, a period when writers in France used black nationalism as a model for women's struggle. For instance, the editorial collective of *Questions Féministes* stated that « féminitude... ressembles negritude », and that « cultural feminism [is] similar to black nationalism »[62]. In *Le Féminisme ou la mort*, Françoise d'Eaubonne goes further to cite Albert Memmi's *Portrait du Juif* for its comparisons of the colonized condition of women, Jews, blacks, and the proletariat[63].

These comparisons are fully developed in *Les Prunes*, where Jeanne la Folle's search for « les territoires du féminin » intersects with the « cartographic » need to seek out and map an uncolonized space, negritude's casting of « Mother Africa » as idealized (female) origin, and the problem of articulating the colonized self with the colonizer's language. Jeanne la Folle's attempt to recover her pre-oedipal body is thus rendered in geopolitical terms, so that the symbolic order which has forced Jeanne la Folle into exile becomes « the whites » who have taken her « lands ». « Je ne veux pas guérir », she laments, « Les Blancs m'ont pris mes terres et personne ne pourra plus les traverser. Les Blancs m'ont pris mes terres et rejetée au-delà de l'horizon »[64].

Jeanne la Folle's efforts to recover her own language, her attempts to reconquer her « lands » evoke the problem of an imposed language under colonialism. In *Les Prunes*, what Frantz Fanon calls the « weight of a civilization »[65], here, that of

---

[62] In *New French Feminisms. An Anthology*, ed. Elaine Marks and Isabelle de Courtivron, Amherst, The University of Massachusetts Press, 1980, p. 226.

[63] « N'y a-t-il pas de Juifs heureux ? Malgré leur judéité, peut-être. A cause d'elle, en liaison avec elle, non. On ne peut faire qu'on n'y trouve en même temps le goût du malheur. Comme c'est un malheur d'être colonisé, *comme c'est un malheur d'être femme*, nègre, ou prolétaire ». Emphasis added by F. d'Eaubonne, *Le Féminisme ou la mort*, *op.cit.*, p. 13.

[64] J. Hyvrard, *Les Prunes de Cythère*, *op. cit.*, p. 66.

[65] F. Fanon, *Peau noire, masques blancs*, *op. cit.*, p. 13.

masculine culture, is articulated through the omnipresent, anonymous voice of patriarchal authority : « Taisez-vous. Pas ces mots-là. Votre phrase n'est pas correcte... La langue est un instrument. Les mots ont un sens précis. Le dictionnaire. La grammaire. La syntaxe »[66].

For Jeanne la Folle, the paradox of having to use the colonizer's language against itself becomes « le pari fou... de tenter d'utiliser [la langue] pour dire ce qu'elle détruit »[67]. Language, the instrument of Jeanne la Folle's subjugation, thus becomes a weapon of revolt through the rupture of traditional syntax and the creation of neologisms. « Je ne veux pas de votre langage »[68], she exclaims to the patriarchs, promising to « fondre les mots dans mes grandes marmites de poix pour les renverser sur les assaillants qui escaladent la façade... Je leur jetterai au visage des stocks de phrases accumulées depuis des années... »[69]. As Jeanne la Folle's grammatical and semantic acrobatics do violence to traditional grammar, she works to recapture « la langue qu'ils m'ont arrachée »[70], and her rejection of grammatical rules parallels the colonized's refusal to speak the master's language. « Je ne parlerai pas français. Je ne servirai pas chez les maîtres »[71], she says. By comparing herself to « le sale petit nègre qui ne parlera jamais français et sur lequel alors vous n'aurez plus aucun pouvoir »[72], Jeanne la Folle evokes the West Indian use of Creole as a potentially subversive language, to the horror of Jeanne la Folle's

---

[66] J. Hyvrard, *Les Prunes de Cythère*, *op. cit.*, p. 29.
[67] J. Hyvrard, « A Bord de l'écriture », *op. cit.*, p. 34.
[68] J. Hyvrard, *Les Prunes de Cythère*, *op. cit.*, p. 113.
[69] *Ibid.*, p. 131.
[70] *Ibid.*, p. 235.
[71] *Ibid.*, p. 171.
[72] *Ibid.*, p. 232.

mother who exclaims, « ma fille parle nègre. Moi une Blanche. Mais qu'est-ce que je vais devenir? »[73]

Jeanne la Folle's identification with the colonized of Martinique is carried even farther when she hears her « propre langage... dans le laghia des esclaves »[74]. In the extended analogy between « fémitude » and négritude, women's domestic « slavery » is explicitly, and indeed, problematically, compared to chattel slavery. For Jeanne la Folle, « les sans-terres » who walk along the roads have « pieds nus et bruns comme [sa] fémitude »[75]. Elsewhere, such comparisons become troubling, as in the following passage, when the recapture of a runaway female slave is juxtaposed with women's domestication : « Ils l'ont prise. Ils l'ont arrachée à la terre. Ils l'ont enchaînée. Les esclaves révoltées doivent périr. Les esclaves ne doivent pas lever la main contre leur maître. Tu seras emmurée vive. Tu t'appelleras politesse, renoncement, instinct maternel »[76]. By juxtaposing an omniscient « master » voice that commands slaves, with the anonymous voice of patriarchal ideology that dictates women's destiny, Jeanne la Folle implies that oppression because of gender or « race »[77] is the same. And yet, whereas this universalism is meant to demonstrate solidarity, and thus to diminish « race » and class distinctions, it inadvertently exacerbates them. For beyond the many similarities linking the colonizer's language with women's « expatriation » in the symbolic order, an important difference remains when the

---

[73] *Ibid.*, p. 177.

[74] *Ibid.*, p. 97. According to E. Glissant, the « laghia » is a « danse en forme de combat... Le laghia était lié à la production de la canne à sucre ». *Le Discours antillais*, *op.cit.*, p. 498.

[75] J. Hyvrard, *Les Prunes de Cythère*, *op. cit.*, p. 62.

[76] *Ibid.*, p. 174.

[77] The quotation marks around the term « race » indicate that I am using the term *sous rature*. See « *Race* », *Writing, and Difference*, ed. H. L. Gates Jr., Chicago, University of Chicago Press, 1986, a series of essays which investigate and/or deconstruct « race » as a category.

question of « race » is raised, for white/European women have not been « colonized » by patriarchy because of the color of their skin. In *Peau noire*, Fanon critiques a similar reasoning based on the linguistic colonization of Brittany :

> apparemment, le problème pourrait être le suivant : aux Antilles comme en Bretagne, il y a un dialecte et il y a la langue française. Mais c'est faux, car les Bretons ne s'estiment pas inférieurs aux Français. Les Bretons n'ont pas été civilisés par le Blanc[78].

In other words, as Edouard Glissant puts it, an ideology of universality disfigures those whom it would assimilate. The historical fact of chattel slavery consequently obliges « a population ainsi traitée à mettre en question toute ambition d'un universel généralisant »[79].

While *Les Prunes* opposes colonialism and racism in all forms, it espouses the « universalizing discourse of a certain sort of feminism »[80]. In its use of the colonization of Africa and the Caribbean as a metaphor of women's oppression through tropes of « feminine » language and the female body as appropriated territories, African and West Indian historical experiences of deportation and slavery are erased. Thus, by assuming an identity between the « colonization » of women and that of Africans, albeit for revolutionary purposes (the unification of all of the oppressed to

---

[78] F. Fanon, *Peau noire, masques blancs*, *op. cit.*, p. 22.

[79] E. Glissant, *Le Discours antillais*, *op. cit.*, p. 28.

[80] G. C. Spivak, *The Post-Colonial Critic*, ed. Sarah Harasym, New York and London, Routledge, 1990, p. 12. African-American and « Third-World » feminists have explored at length the problem of discursive colonization through universalist models of « equality ». As Hazel Carby points out in « White Woman Listen ! », « both white feminist theory and practice have to recognize that white women stand in a power relation as oppressors of black women. This compromises any feminist theory and practice founded on the notion of simple equality ». Hazel Carby, « White Woman Listen ! : Black Feminism and the Boundaries of Sisterhood », *The Empire Strikes Back : Race and Racism in Seventies Britain*, London,Hutchinson, 1982, p. 214.

fight a common enemy, the patriarchal/colonial master), by creating an analogy between the pre-oedipal *féminin* and « Mother Africa » as uterine space, Jeanne la Folle risks perpetuating the very colonization that her text decries. For when the African continent becomes

> le ventre de la terre... Mère Afrique. Ma terre heureuse. Au temps d'avant. Au temps de la pleine terre sans rivage et sans île. Sans frontière et sans moi. Quand je sentais tes muscles autour de mon corps, ta matrice contre mon dos[81].

Jeanne la Folle risks (re)placing women of color on the negative side of the binary that opposes nature to culture[82].

And yet, the essentialism of Negritude operated in the same way, as Fanon observes : In Negritude « je retrouvais non plus les origines, mais l'Origine. Toutefois, il fallait se méfier du rythme, de l'amitié Terre-Mère... ». For, he continues, « nous ne saurions oublier qu'il y a des Noirs de nationalité belge, française, anglaise ; il existe des républiques nègres. Comment prétendre à la saisie d'une essence quand de tels faits nous requièrent? »[83] The differences of class and ethnicity among women force the same question to be asked of Jeanne la Folle's conflation of Mère

---

[81] J. Hyvrard, *Les Prunes de Cythère*, *op. cit.*, p. 217.

[82] In her ground breaking article, « Is Female to Male as Nature is to Culture », Sherry Ortner remarks, « woman is being identified with – or, if you will, seems to be a symbol of – something that every culture defines as being of a lower existance than itself. Now it seems that there is only one thing that would fit this description, and that is « nature » in the most generalized sense... We may... broadly equate culture with the notion of human consciousness, or with the products of human consciousness... by means of which humanity attempts to assert control over nature ». S. Ortner, in *Woman, Culture and Society*, ed. M. Zimbalist Rosaldo and L. Lamphere, Stanford, Stanford University Press, 1984, p. 72. Hélène Cixous asks, « où est-elle ? Activité/passivité, Soleil/Lune, Culture/Nature, Jour/Nuit... La pensée a toujours travaillé par opposition, Parole/écriture, Haut/Bas. Par oppositions duelles, hiérarchisées. Supérieur/Inférieur ». H. Cixous, *La Jeune née*, *op. cit.*, Paris, Union générale des éditions, 1975, p. 115-116.

[83] F. Fanon, *Peau noire, masques blancs*, *op. cit.*, pp. 101, 139.

l'Afrique with *le féminin* as the utopian locus of female subjectivity.

Une réécriture « géosophique »[1] de la Genèse : *Que se partagent encore les eaux*[2] de Jeanne Hyvrard

par Jean-François Kosta-Théfaine

Abstract : As we know, Jeanne Hyvrard often uses mythology in her writing. It must not be seen as a « effet de style » but rather as a memory game, the goal of which is to think and to write a world in progress. The purpose of this paper is to show the importance of the Book of Genesis in Jeanne Hyvrard's poem entitled *Que se partagent encore les eaux*.

La réécriture des mythes, qu'il s'agisse de celui de Cronos, d'Abel et Cain, de Daphné, de la Genèse ou bien d'autres encore[3], est un procédé qui, dans l'œuvre de Jeanne Hyvrard, se retrouve de livre en livre. Néanmoins, si pour certains, le recours à un tel procédé pourrait paraître étrange sinon passer pour un effet de style gratuit ; on n'aura de cesse d'observer que dans l'œuvre hyvrardienne, cette démarche a des enjeux ainsi que des implications beaucoup plus profonds qu'il n'y paraît à première lecture. Réécrire le mythe

---

[1] Nous inventons ce néologisme d'après celui (= « géosophie ») créé par J. Hyvrard. Cf. J. Hyvrard, *La Pensée corps*, Paris, Des Femmes, 1989.

[2] J. Hyvrard, *La Baisure suivi de Que se partagent encore les eaux*, Paris, Des Femmes, 1984, pp. 115-152.

[3] Cf. à ce propos J. Cauville, *Mythographie hyvrardienne. Analyse des mythes et des symboles dans l'œuvre de Jeanne Hyvrard*, Québec, Presses de l'Université de Laval, 1996 ; J. Cauville, « La Genèse : lecture hyvrardienne et tourniérienne du premier mythe de l'humanité », in *Mythes dans la littérature contemporaine française - Actes du Colloque d'Ottawa*, Ed. M. Zupancic, Editions du Nordir, 1994, pp. 263-275 et M. Miguet, « La Bible à rebours de Jeanne Hyvrard », *Cahiers de Recherches sur l'Imaginaire*, 17, 1987, pp. 198-216. On consultera également J. Hyvrard, « A Bord des mythes dans le vaisseau de l'écriture », in *Réécriture des mythes : l'utopie au féminin*, Ed. J. Cauville et M. Zupancic, Amsterdam, Rodopi, 1997, pp. 7-19 et J. Hyvrard, « A Bord d'orphée dans le regret d'Euridice », *Religiologiques*, 15, 1997, pp. 189-202.

procède, en effet, chez Jeanne Hyvrard du jeu de la mémoire ; jeu qui n'est pas innocent, car c'est en revenant sur les pas même de la création, qu'elle va penser un nouveau monde, celui qui est en train de se créer sous nos yeux, et qui, d'une certaine façon, est celui que l'on ne veut réellement voir et à l'écart duquel on se tient sans cesse. Par ailleurs, rappelons-le, comme le fait à juste titre Joëlle Cauville, les mythes sont le « berceau de l'Inconscient collectif »[4] ; c'est pourquoi, pour Jeanne Hyvrard, « ce retour du et *au* fusionnel permet l'apaisement parce qu'il permet de renouer avec la mémoire de ce qui a été laissé de côté »[5].

Cependant, avant de pouvoir dire/écrire cette Terra Incognita, il faut à l'auteur penser le monde. Or, quel est le meilleur modèle pour cela si ce n'est l'Ancien Testament, et plus précisément la Genèse ? Considéré comme un des grands mythes fondateurs de l'humanité, ce texte est certainement la source la plus sûre aux yeux de Jeanne Hyvrard afin d'exprimer cette mondialisation en marche. Ce texte biblique est également le modèle le plus approprié pour dire la fusion qui naît de la séparation, car il procède, à sa manière, de la même façon que la pensée hyvrardienne : partir de la destruction, ou du moins du chaos, pour aboutir à une nouvelle construction, sinon à la construction d'un nouveau monde, en passant inévitablement par le mode de la fusion. L'idée que la Genèse semble être la source exemplaire permettant d'écrire ce nouveau monde, se trouve corroborée par la définition que Jeanne Hyvrard en donne dans *La Pensée corps*. En effet, la Genèse est, selon elle, « l'incarnation carcérale de la pensée dans l'écriture »[6].

---

[4] J. Cauville, « La Genèse : lecture hyvrardienne et tourniérienne du premier mythe de l'humanité », *op. cit.*, p. 263.

[5] J. Hyvrard, « A bord d'Orphée dans le regret d'Euridice », *op. cit.*, p. 191.

[6] J. Hyvrard, *La Pensée corps*, *op. cit.*, p. 97.

Par ailleurs, si l'aspect physique de *Que se partagent encore les eaux*, tout comme son titre qui, notons-le, est une reprise de (Genèse 1, 8), renforcée par l'adverbe « encore » marquant ici le mouvement de répétition, peut laisser sous-entendre que la Genèse est la matrice du texte hyvrardien, il faut noter que le modèle doit être, à sa façon, détruit afin de pouvoir réellement dire le monde. C'est pourquoi on assiste, dans ce long poème de Jeanne Hyvrard, dont la disposition en verset n'est pas sans rappeler celle du texte biblique, à une véritable réécriture « géosophique » de la Genèse ; néologisme entendu dans le sens de son dérivé de « géosophie » que Jeanne Hyvrard définit dans *La Pensée Corps* comme :

> La pensée-monde. Un rêve d'ordonnancement dans la soupe des étoiles. (...) l'effort pour ordonner le *désordre*. Le monde en voie d'organisation. Non concevable mais encevable. Le monde en train de se faire[7].

L'hypothèse que la Genèse est un texte d'une importance certaine dans l'œuvre hyvrardienne se justifie par le fait que deux autres textes de Jeanne Hyvrard utilisent comme source commune le texte biblique, et plus précisément la traduction établie par André Chouraqui[8]. Il s'agit du « Prologue » de *La Meurtritude*[9] et du *Canal de la Toussaint*[10]. A cela s'ajoutent des propos significatifs de Jeanne Hyvrard émis à plusieurs reprises dans différents articles à l'égard du texte de la Genèse lui-même[11]. C'est

---

[7] J. Hyvrard, *La Pensée corps*, *op. cit.*, pp. 97-98.

[8] *La Bible : Entête*, traduite et présentée par A. Chouraqui, Paris, Desclée de Brower, 1974.

[9] J. Hyvrard, *La Meurtritude*, Paris, Editions de Minuit, 1977, pp. 7-11.

[10] J. Hyvrard, *Canal de la Toussaint*, Paris, Des Femmes, 1986.

[11] Cf. J. Hyvrard, « A bord de l'écriture », in *L'écrivain et l'espace*, Montréal, L'Hexagone, 1985, pp. 29-41, (p. 35) et J. Hyvrard, « A bord du *Je* de l'écriture », *Etudes Francophones*, vol. 12, n° 2, 1997, pp. 7-20, (pp. 9-10). Voir également E. Saul, « La otra mitad de la razon », *Cauce*, 123, 1987, pp. 30-32.

pourquoi, dans la présente étude, nous observerons la manière dont est traité le texte source, grâce aux parallélismes qu'il est possible d'établir entre la Genèse et *Que se partagent encore les eaux*.

Lorsque l'on tente une première approche comparative de la Genèse et du texte hyvrardien, nous pouvons d'emblée observer que le poème de Jeanne Hyvrard suit de manière quasi fidèle, sur un plan périphérique et linéaire, le texte biblique du début, soit le premier jour, jusqu'à l'épisode de la création de l'homme, c'est-à-dire jusqu'au cinquième jour. Cependant, si fidélité il y a sur un plan thématique, les choses sont un peu différentes du point de vue même de la réécriture. En effet, le texte hyvrardien procède d'un véritable ré-encodage, et est construit de telle sorte que les éléments s'enchevêtrent les uns les autres – se répondent alors dans toute l'œuvre –, en prenant, toutefois, une certaine forme de distance par rapport à leur modèle de départ. De fait, comme le suggérait déjà Jennifer Waelti-Walters à propos du « Prologue » de *La Meurtritude*[12], on observe que par la « traduction du concret en abstractions, Hyvrard crée un vocabulaire symbolique qui réverbère tout au long de ses textes. Dorénavant il s'y trouvera un réseau de correspondances complexes et révélatrices (...) »[13].

Cette traduction du concret en abstrait apparaît comme une évidence dans *Que se partagent encore les eaux* ; mais en plus de ce procédé, on ne peut manquer de souligner qu'il y a dans le texte hyvrardien une véritable économie dans le style même de la

---

[12] Cf. M. Verthuy-Williams et J. Waelti-Walters, *Jeanne Hyvrard*, Amsterdam, Rodopi, 1988, pp. 36-38.

[13] M. Verthuy-Williams et J. Waelti-Walters, *Jeanne Hyvrard*, *op. cit.*, p. 37.

réécriture du texte source. En témoigne, parmi d'autres, le passage consacré au deuxième jour de la création[14] :

> Genèse :
> Dieu appela le firmament « ciel ». Il y eut un soir, il y eut un matin : deuxième jour. (Gn 1, 8)
>
> Hyvrard :
> Que se partagent encore les eaux/Deuxième jour. (p. 117)

Cependant, si économie de mots il y a, le texte hyvrardien reste fidèle à son modèle, mais il se veut beaucoup plus direct, voire plus rapide, car le détail n'importe pas, il faut aller à l'essentiel et dire en peu de mots/temps la création en cours de réalisation.

Néanmoins, s'il y a de la part de Jeanne Hyvrard un désir manifeste d'aller à l'essentiel, son objectif premier reste bien celui de la (re)création. De fait, on ne saurait être surpris de la manière dont elle traite le motif de la création de la terre ou bien encore de celle des végétaux. En effet, le texte hyvrardien laisse sous entendre que Dieu les recrée, alors même que la Genèse ne suggère qu'un acte de simple création et non celui d'une recréation :

> Genèse :
> Dieu dit : « Que les eaux inférieures au ciel s'amassent en un seul lieu et que le continent paraisse ! » Il en fut ainsi. Dieu appela « terre » le continent : il appela « mer » l'amas des eaux. Dieu vit que cela était bon. (Gn 1, 9-10)
>
> Hyvrard :
> Que se partagent encore les eaux/Et qu'il recrée le monde/Le ciel et la mer. (p. 118)

---

[14] Nous citons le texte de la Genèse d'après l'édition suivante : *La Bible - Ancien Testament*, Edition publiée sous la direction d'Edouard Dhorme, Paris, Gallimard, 2 vol, 1956, tome I.

Il est, du reste, possible de retrouver cette même idée dans d'autres passages, comme c'est le cas dans l'extrait suivant :

> Genèse :
> Dieu dit : « Que la terre se couvre de verdure, d'herbe qui rend féconde sa semence, d'arbres fruitiers qui, selon leurs espèces, portent sur terre des fruits ayant en eux-mêmes leurs semences ». Il en fut ainsi. (Gn 1, 11)
>
> Hyvard :
> (...) qu'il recrée le monde/(...)/Les végétaux et les arbres/Les végétaux surtout/Et toutes les plantes permettant la survie/Puisque c'est chose unique terre et végétaux/Car sans la terre que seraient les végétaux qui n'ont vie que par elle/Et sans eux comment ferait-elle pour se connaître. (p. 118)

Ainsi, se déroule sous nos yeux un véritable processus de modification du modèle originel. Cependant, cet effet quasi troublant ne doit pas nous faire croire à une erreur de lecture de la Genèse de la part de Jeanne Hyvrard, car la démarche est beaucoup plus subtile que cela. En effet, si l'on regarde avec précision le texte biblique, on ne peut manquer de noter que les créations de Dieu procèdent de l'acte de séparation ; or, comme le remarquait déjà Joëlle Cauville, « Jeanne Hyvrard déplore [précisément] la création séparatrice du Dieu patriarcal qui, dans les éléments comme chez les êtres vivants, est responsable du sentiment de « manque infernal » et de souffrance qu'il engendre : la terre séparée de l'eau, le jour de la nuit, la mer du ciel, l'instinct de la raison, le principe mâle du principe femelle »[15]. De fait, la raison pour laquelle le texte hyvrardien propose une version parlant de « recréation » et non de « création » est dès lors beaucoup plus évidente.

En outre, si l'on continue de progresser dans la lecture du poème hyvrardien, tentant toujours d'établir des parallèles avec le

---

[15] J. Cauville, « La Genèse : lecture hyvrardienne et tourniérienne du premier mythe de l'humanité », *op. cit.*, p. 266.

texte de la Genèse, on observe que la fusion naît au troisième jour dans *Que se partagent encore les eaux*, alors que le texte biblique ne fait référence, à ce même moment, qu'à la création des végétaux. Or, chez Jeanne Hyvrard, c'est précisément de la création de cette nature que vont naître les éléments mâle/femelle :

> Genèse :
> La terre produisit de la verdure, de l'herbe qui rend féconde sa semence selon son espèce, des arbres qui portent des fruits ayant en eux-mêmes leur semence selon leur espèce. Dieu vit que cela était bon. Il y eut un soir, il y eut un matin : troisième jour. (Gn 1, 12-13)
>
> Hyvrard :
> Que se partagent encore les eaux/Pour que le même jour le troisième/Chaque arbre reçoive sa semence et qu'il la perpétue/Mâle et femelle dans la même beauté/Mâle et femelle dans la même fleur/Etamine et pistil si proches l'un de l'autre. (p. 118)

Cependant, c'est à partir de ce même moment que la réécriture de la Genèse va commencer à se réaliser selon une organisation dite « chaïque ». En effet, le titre du poème (*Que se partagent encore les eaux*), revient sans cesse tout au long du texte ; nous en relevons, du reste, pas moins de quarante-neuf occurrences[16], alors même que le partage des eaux s'est déjà produit. Ainsi, cela signifie que, si dans le cas de la Genèse le commencement s'est déjà effectué, dans le texte hyvrardien ce n'est toujours pas le cas, ou du moins, cela signifierait peut-être que le commencement est perpétuel.

Cette hypothèse est, du reste, tout à fait vraisemblable puisque nous trouvons, beaucoup plus loin dans le texte hyvrardien, d'autres références à la Genèse. Ainsi, seront créés, par la suite, le jour et la nuit, les différentes espèces animales et enfin l'homme que Dieu créa à son image (Cf. Annexes VII, VIII et IX).

---

[16] pp. 117, 118, 119, 120, 121, 122, 124, 125, 128, 129, 130, 131, 133, 134, 135, 136, 137, 143, 144, 145, 146, 147, 148, 150 et 152.

La création ainsi achevée se termine par une référence au septième jour :

> Genèse :
> Dieu acheva au septième jour l'œuvre qu'il avait faite, il arrêta au septième jour toute l'œuvre qu'il faisait. (Gn 2, 2)
>
> Hyvrard :
> Il s'absente le septième jour/Jachère de la terre du corps pour remonter dans la mémoire. (p. 132)

Cette allusion au septième jour apparaît bien dans le poème hyvrardien comme une véritable pause exigeant un effort du corps vers un retour du jeu de la mémoire, celui qui consiste à se souvenir du premier jour, celui où tout n'était que chaos, où rien n'existait. Il s'agit, en somme, de s'engager sur la voie d'un retour à une situation primordiale et vierge de toute expérience.

Néanmoins, il serait vain de croire que le poème hyvrardien a atteint son point final de la (re)création. Bien au contraire, car si le texte biblique ne se trouve qu'à mi-chemin de la création, le poème de Jeanne Hyvrard n'en est, quant à lui, d'une certaine manière, qu'à son début car la fusion vient à peine de commencer.

Ainsi, c'est avec la «remembrance» de la chute de l'homme par la séduction (Gn. 2 et pp. 133 et suiv. de *Que se partagent encore les eaux*) que va commencer une nouvelle ère, celle de la véritable fusion : HOMME/FEMME.

Cependant, si fusion il y a, on ne doit jamais perdre de vue que le binôme ADAM/EVE proposé par la Genèse ne cesse de se lire au travers du poème hyvrardien comme le binôme HOMME/FEMME. Alors même que la première création de ce même binôme proposait d'abord une véritable égalité/distinction mâle/femelle :

> Genèse :
> Dieu créa l'homme à son image ; mâle et femelle il les créa. (Gn 1, 27)
>
> Hyvrard :
> Il créa l'homme à son image/(...)/A son image il les créa/Mâle et femelle. (p. 121)

Par la suite, c'est après la création de la FEMME-EVE, calquée sur le modèle biblique :

> Genèse :
> Le Seigneur Dieu fit tomber dans une torpeur l'homme qui s'endormit ; il prit l'une de ses côtes et referma les chairs à sa place. Le Seigneur Dieu transforma la côte qu'il avait prise à l'homme en une femme qu'il lui amena. (Gn 2, 21-22)
>
> Hyvrard :
> «Il prit une côte et sous elle il referma la chair/Il façonna en femme la côte qu'il avait prise à l'homme. (p. 143)

que va se mettre en place dans le poème de Jeanne Hyvrard une véritable structure anarchique de la relation homme/femme. Cette dernière étant à la fois formée de la séparation et de la fusion, car au :

> Matin
> Matin du premier jour
> Le commencement du temps
> La déchirure
> Elle et lui deux. (p. 144)

Pourquoi traiter d'un tel déchirement sinon parce que la fusion est quasi impensable et qu'elle ne cesse d'augurer à tout instant la séparation et laisse donc entrevoir « que le monde se fracture » (p. 146) ? Mais la fracture est, semble-t-il, double. En effet, partir du néant et remonter jusqu'à la création du premier homme, du premier tout, n'est pas chose aisée. Le texte hyvrardien pose, du reste, lui-même la question :

> Comment surmonter la souffrance de la création
> Si ce n'est pas une autre création
> La même éperdument. (p. 147)

Par ailleurs, la fusion du binôme homme/femme n'est pas non plus sans poser des problèmes, puisque son aboutissement sera, inéluctablement, la séparation.

Mais le déroulement sans fin de cette spirale ne paraît avoir d'autre objectif que de tenter de dire l'innommable qui n'est autre que la fusion, celle des éléments de la terre, mais aussi celle des êtres humains de laquelle découleront la création de l'humanité et de l'amour.

Ainsi, dès le véritable commencement qui s'effectue dans le poème hyvrardien par le biais de la fusion de l'Eve-femme et de l'Adam-homme, c'est un véritable chant d'amour qui se donne à lire. Cependant, même s'il s'agit d'un chant d'amour primordial, celui du premier homme et de la première femme, c'est également une sorte de chant d'amour universel et fusionnel qu'il faut décoder. Il est celui que l'on va vivre à chaque commencement, mais il est également celui qui nous plongera, une fois rompu, dans les affres les plus terribles du manque et de la souffrance.

Par ailleurs, en deçà de célébrer l'amour et la fusion par l'intermédiaire de ce chant, il faut souligner que le manque et la séparation sont également évoqués du simple fait qu'ils sont des éléments constitutifs de la fusion. Ainsi, la fusion ne peut jamais être pensée sans la présence, à plus ou moins long terme, de la séparation et du manque. C'est pourquoi :

> Le corps retourn[e] toujours vers l'origine
> A cause du manque infernal
> Le manque à la complétude

Le manque au commencement du monde. (p. 149)

Enfin, le manque et l'origine, points de départ de la création, sont des éléments auxquels on ne cesse de revenir, même lorsque la création est accomplie. Il en est de même s'agissant de l'acte de la fusion, car même si celle-ci paraît avoit atteint son stade d'accomplissement, elle reste inévitablement génératrice d'un manque sinon d'une « séparance ». Dès lors, le retour à l'état primordial reste une nécessité, nécessité qui permet un retour aux véritables sources, et qui facilite également la vraie recréation. Ce schéma permettant alors de constituer un nouveau point de départ. Ainsi, le texte biblique, modèle par excellence de la véritable création, apparaît comme un témoin actif qui offre la possibilité de dire la fusion mais aussi le manque ; élément que l'on tente, chaque fois qu'il nous est possible de le faire, de refouler.

Si à première vue, le poème de Jeanne Hyvrard semble être construit avec une simplicité toute banale, il apparaît très vite que cela n'est absolument pas le cas. En effet, si nous pouvons, selon un premier degré de lecture, y repérer d'emblée trois parties distinctes, à savoir : la réécriture de la Bible (pp. 117-121), l'écriture de l'idée de fusion (pp. 122-138) puis celle du chant d'amour (pp. 138-142) ; il semble évident qu'en accordant une attention beaucoup plus minutieuse au poème, cette logique apparente ne tient plus. C'est un autre ordre qui régit le texte hyvrardien, celui certes d'une réécriture « géosophique » de la Genèse, mais celle-ci est générée par un ordre dit « chaïque ». De fait, nous opérons un basculement de l'ordre vers le désordre, pour aboutir à ce qui pourrait être qualifié d'un *nouvel* ordre ; ce dernier ne pouvant, selon les termes de Jeanne Hyvrard, « se désagréger sans mourir et céder la place à un autre dominant imposant un autre ordre »[17].

[17] J. Hyvrard, *La Pensée corps*, *op. cit.*, p. 163.

Ainsi, *Que se partagent encore les eaux*, résultat d'une réécriture « géosophique » de la Genèse, nous propose un véritable « encept »[18] du texte biblique.

---

[18] Cf. J. Hyvrard, *La Pensée corps*, *op. cit.*, pp. 67-69. « L'encept est le concept ouvert reprenant tous les concepts voisins qui lui ont donné naissance. Il forme avec eux une *constellation* », (p. 68).

ANNEXE

Parallélismes entre la Genèse et *Que se partagent encore les eaux*

I.

« Dieu dit : Qu'il y ait un firmament au milieu des eaux et qu'il sépare les eaux d'avec les eaux ! ». (Gn 1, 6)

« Que se partagent encore les eaux/Comme elles furent au commencement/Entre le ciel et la terre ». (p. 117)

II.

« Dieu appela le firmament « ciel ». Il y eut un soir, il y eut un matin : deuxième jour ». (Gn 1, 8)

« Que se partagent encore les eaux/Souvenir du deuxième jour ». (p. 117)

III.

« Dieu dit : « Que les eaux inférieures au ciel s'amassent en un seul lieu et que le continent paraisse ! » Il en fut ainsi. Dieu appela « terre » le continent : il appela « mer » l'amas des eaux. Dieu vit que cela était bon ». (Gn 1, 9-10)

« Que se partagent encore les eaux/Et qu'il recrée le monde/Le ciel et la mer ». (p. 118)

IV.

« Dieu dit : « Que la terre se couvre de verdure, d'herbe qui rend féconde sa semence, d'arbres fruitiers qui, selon leurs espèces, portent sur terre des fruits ayant en eux-mêmes leur semence ». Il en fut ainsi ». (Gn 1, 11)

« (...) qu'il recrée le monde/(...)/Les végétaux et les arbres/Les végétaux surtout/Et toutes les plantes permettant la survie/Puisque c'est chose unique terre et végétaux/Car sans la terre que seraient les végétaux qui n'ont vie que par elle/Et sans eux comment ferait-elle pour se connaître ». (p. 118)

V.

« La terre produisit de la verdure, de l'herbe qui rend féconde sa semence selon son espèce, des arbres qui portent des fruits ayant en eux-mêmes leur semence selon leur espèce. Dieu vit que cela était bon. Il y eut un soir, il y eut un matin : troisième jour ». (Gn 1, 12-13)

« Que se partagent encore les eaux/Pour que le même jour le troisième/Chaque arbre reçoive sa semence et qu'il la perpétue/Mâle et femelle dans la même beauté/Mâle et femelle dans la même fleur/Etamine et pistil si proches l'un de l'autre ». (p. 118)

VI.

« Dieu dit : « Qu'il y ait des luminaires au firmament du ciel pour séparer le jour de la nuit, qu'ils servent de signes tant pour les fêtes que pour les jours et les années, et qu'ils servent de luminaires au firmament du ciel pour illuminer la terre. » Il en fut ainsi. Dieu fit les deux grands luminaires, le grand luminaire pour présider au jour, le petit pour présider à la nuit, et les étoiles. Dieu les établit dans le firmament du ciel pour illuminer la terre, pour présider au jour et à la nuit et séparer la lumière de la ténèbre ». (Gn 1, 14-18)

« Que se partagent encore les eaux/Pour qu'on apprenne qu'autant qu'il y a de nuit il y a de jour/Et qu'on ne peut choisir entre le jour et la nuit/Car il a seulement autant qu'il a pu/Donné les astres pour mesurer/Afin que tu sépares la lumière des ténèbres ». (p. 119)

VII.

« Dieu dit : « Que la terre produise des êtres vivants selon leur espèce : bestiaux, petites bêtes, et bêtes sauvages selon leur espèce! » (Gn 1, 24) et « Dieu dit : « Que les eaux grouillent de bestioles vivantes (...) ». (Gn 1, 20)

« Que se partagent encore les eaux/Pour que la terre se peuple de toutes sortes de bêtes rampantes/Et pullulant dans les eaux ». (pp. 119-120)

VIII.

« Dieu les (=bêtes) bénit en disant : « Soyez féconds et prolifiques, remplissez les eaux dans les mers, et que l'oiseau prolifère sur la terre ! » Il y eut un soir, il y eut un matin : cinquième jour ». (Gn 1, 22-23)

« Que se partagent encore les eaux/Pour qu'on apprenne que le cinquième jour/Voyant les animaux de toutes sortes scindés/Séparés/Sexués/Il leur dit/Multipliez ». (p. 120)

IX.

« Dieu créa l'homme à son image ; mâle et femelle il les créa ». (Gn 1, 27)

« Il créa l'homme à son image/(...)/A son image il les créa/Mâle et femelle ». (p. 121)

X.

« Dieu acheva au septième jour l'œuvre qu'il avait faite, il arrêta au septième jour toute l'œuvre qu'il faisait ». (Gn 2, 2)

« Il s'absente le septième jour/Jachère de la terre du corps pour remonter dans la mémoire ». (p. 132)

XI.

pp. 133 à 134 = référence à (Gn 2) c'est-à-dire à la chute de l'homme par la séduction.

XII.

« Le Seigneur Dieu fit tomber dans une torpeur l'homme qui s'endormit ; il prit l'une de ses côtes et referma les chairs à sa place. Le Seigneur Dieu transforma la côte qu'il avait prise à l'homme en une femme qu'il lui amena ». (Gn 2, 21-22)

« Il prit une côte et sous elle il referma la chair/Il façonna en femme la côte qu'il avait prise à l'homme ». (p. 143)

Constellations et nébuleuses : symphonie hyvrardienne

par Annye Castonguay et Jennifer Waelti-Walters

Abstract : Jeanne Hyvrard's work functions as a body of interrelationships and on-going reactions to the world. In *La Meurtritude* the author introduces the reader to her holistic perspective by her use of codes : Tarot, alchemy, the Creation (Genesis). These evolve into the multi-level writing of *Canal de la Toussaint* and *La Pensée corps* which together form the summum of Jeanne Hyvrard's philosophy and style. We argue that *La Pensée corps* is both a hologram of Jeanne Hyvrard's system and the theoretical key which opens the rest to analysis without stopping its movement.

> Comment l'homme pourrait-il naviguer droit sur une terre ronde ?[1]

Comment se fait-il que pour beaucoup de lecteurs, l'œuvre de Jeanne Hyvrard soit si difficile à comprendre, à expliquer ? Comment se fait-il qu'on se perde dans les sens de son chant ? Comment est-ce possible que nous ressentions Jeanne Hyvrard sans pour autant pouvoir en parler ? C'est avant tout un problème de culture, de retardement scientifique. Nous sommes informés à propos de la science post-einsteinienne mais nos réflexes restent dans l'univers de Newton et de l'Encyclopédie. Notre vision est obstruée, limitée par l'enseignement de la Raison qui continue de biaiser notre façon de voir le monde. Pourtant, il est important, voire essentiel, d'abandonner toute idée préconçue et par le fait même limitée afin de pouvoir se déplacer aisément à l'intérieur de l'œuvre de Jeanne Hyvrard. Comment faire ? Par où commencer ? Jeanne Hyvrard nous l'indique : elle nous guide à travers son œuvre,

---

[1] J. Hyvrard, *Canal de la Toussaint*, Paris, Des femmes, 1984, p. 49.

non pas pour nous réapprendre à parler mais pour nous réapprendre à penser.

Imaginons que l'œuvre hyvrardienne soit une symphonie en train de s'écrire. Une symphonie où chacune de ses œuvres représente une partition d'instrument. Doit-on être musicien pour apprécier la musique ? Doit-on la comprendre pour l'aimer ? Pas nécessairement, mais il est vrai que plus on comprend le système sur lequel elle est construite, plus on est en mesure d'apprécier les subtilités de ce qu'on nous fait entendre. Pourrait-on l'apprécier si l'on essayait d'analyser les notes séparément ? Certes pas de la façon qu'on l'apprécie normalement. On accepte facilement la musique comme un tout, une symphonie dans son ensemble. Chaque instrument est essentiel, aucun n'est plus ni moins important qu'un autre car si un seul manque, l'harmonie est appauvrie. Tous les instruments ne jouent pas les mêmes notes en même temps, et toutes les partitions ne sont pas les mêmes : chaque élément est complémentaire aux autres. Comme une symphonie, l'œuvre de Jeanne Hyvrard résiste à la séparation. Jeanne Hyvrard est à la fois le compositeur et le chef d'orchestre ; ses œuvres constituent l'ensemble des musiciens. Qu'arriverait-il si tous les instruments jouaient les mêmes notes, la même partition en même temps ? Chaque partition séparément ? Pourtant, quand il est question de littérature, c'est ce que nous faisons. Mais quand il s'agit de Jeanne Hyvrard, c'est ce qui nous perd. Il est essentiel de considérer l'œuvre de Jeanne Hyvrard dans son ensemble si l'on veut en retirer l'essence et la comprendre.

Tenter de saisir la progression d'une des idées hyvrardiennes équivaut à essayer de retracer la note *do* dans une symphonie. Bien que ce soit possible, la note *do* en soi ne reflète en rien l'harmonie de l'ensemble. De la même façon, retracer par séparation la progression d'une seule idée dans l'œuvre de Jeanne Hyvrard ne permet pas d'en comprendre le sens global. Dans toute son œuvre, Jeanne Hyvrard décourage cette pratique : non seulement au niveau de la langue et de la grammaire mais également au niveau de l'organisation de ses textes et de leur inter-textualité.

Autant les mots sont inaptes à décrire une symphonie, autant la pensée linéaire/logique est inadéquate pour comprendre l'oeuvre hyvrardienne. Dans l'ensemble de son œuvre, Jeanne Hyvrard veut nous enseigner « la pensée ronde », une façon de penser ensemble « une chose et son contraire, [...] son complément à la totalité et sa négation »[2] :

> La pensée-corps pense ensemble la pensée logique et la pensée captive. Elle différencie sans séparer. Elle pense le nom avec ce qu'il refuse, refoule, rejette dans le magma. [...] La pensée courbe offre un ensemble de fonctionnements non rigoureux, enceptuels et littoraux, fonctionnant comme un puzzle, dont certaines pièces s'emboîtent, et dont d'autres paraissent momentanément incompréhensibles. [...] La pensée-monde est celle du monde en mouvement. Elle ne peut se penser en termes de *hors* puisqu'elle intègre. Son *désordre* n'est qu'apparent[3].

Mettons, pour soutenir la métaphore une dernière fois, que *La Pensée corps* représente les violons. Elle permet de lier ensemble toutes les œuvres de créer l'harmonie. Due à son organisation, elle nous permet, tel un hologramme, de « voir » le fonctionnement de la pensée ronde que Jeanne Hyvrard développe à travers son œuvre. Depuis le tout début, avec *Les Prunes de Cythère*[4] où elle nous initie à la pensée ronde jusqu'à *Ton Nom de végéta,*[5], sa pensée n'a

---

[2] J. Hyvrard, *La Pensée corps*, Paris, Des femmes, 1989, p. 217. *La Pensée corps* a été traduite en anglais par Annye Castonguay (à paraître).

[3] J. Hyvrard, *La Pensée corps*, *op. cit.*, pp. 171-72.

[4] J. Hyvrard, *Les Prunes de Cythère*, Paris, Minuit, 1975.

[5] J. Hyvrard, *Ton Nom de végétal*, Laval, Trois, 1999.

cessé d'évoluer. Son œuvre intègre toutes les parties : comme toute symphonie, c'est dans son ensemble qu'il faut la regarder.

Nous pouvons voir (figure 1) un schéma de la structure partielle de *La Pensée corps*[6]. Cette figure représente non seulement un microcosme de *La Pensée corps* mais un microcosme de l'œuvre entière. Les entrées de *La Pensée corps* se rejoignent et sont reliées entre elles : ces entrées sont aussi reliées à d'autres œuvres. Par exemple, dans le *Canal de la Toussaint* le même texte ouvre les deux parties : « Le Traité du désordre » et « Terra incognita ». Cela n'est certes pas dû au hasard. Dans le *Canal*, les deux parties existent pour montrer la différence de manière différente, mais la même différence, celle entre la façon de penser de la femme et celle de l'homme. Les deux parties commencent exactement de la même manière : les pages 11 à 18 du « Traité » et 95 à 102 de « Terra » sont identiques (jusqu'à « Géosophie »). Le début des deux passages (pp. 11-12 et 95-96) se retrouve presque mot pour mot dans *La Pensée corps* sous DIFFÉRENCE :

> L'*homme* ne peut pas penser la *fusion*, né de la *femme*, il est dès le début dans la *contrairation*.
> La femme ne peut pas dire la fusion car, née de la femme, elle n'est jamais tout à fait née.
> Drame.
> Et comment l'homme pourrait-il dire ce que sait la femme ? Androgynie. Mort.
> Malentendu. Né du *marais*, l'homme le refuse. Il enferme la femme qui en garde la mémoire. Elle suinte quand même.
> Champs de la femme, celui d'être fille, celui d'être mère.
> Champ de l'homme inconnu pour la femme.
> Champ de la femme dit par l'homme, erreur !
> Il la croit pareille à lui, il ne la connaît pas. Il la croit différente. Il ne la reconnaît pas. Nuit de la pensée. Il a peur.

---

[6] Tel qu'il apparaît dans l'ouvrage de J. Waelti-Walters, *Jeanne Hyvrard : Theorist of the Modern World*, Edinburgh, Edinburgh University Press, 1996, p. 35 et reproduit avec la permission de Edinburgh University Press.

> Le champ de l'homme et celui de la femme ne se recoupent plus. Le *un* est impossible puisqu'ils sont *deux*. Le deux est douloureux puisqu'il la croit pareille à lui. Le trois est au-delà de l'horizon. Ils n'ont pas de bateau.
>
> Lire aussi : Différencier, écriture, littérature[7].

On peut en tirer la conclusion que l'intention primaire de Jeanne Hyvrard est de montrer cette différence. Cela montre également l'inter-textualité qui existe entre ses œuvres : celles-ci ne se limitent pas à elles-mêmes ; au contraire, elles sont toutes reliées et complémentaires.

En outre, l'organisation de chacune de ses œuvres est similaire en ce sens qu'elle est tridimensionnelle, sphérique. C'est pourquoi il est impossible de les ramener à une structure linéaire sans les détruire. La figure 1 nous rappelle à la fois une constellation et une nébuleuse. Une constellation, parce qu'il nous est possible de relier les entrées et d'en dégager une image ; une nébuleuse car il s'agit d'un système continuellement en mouvement et en expansion qui interagit avec son environnement. Toutefois, les images holographiques qui en ressortent expriment visuellement l'organisation tridimensionnelle, sphérique. À travers son œuvre, chaque nouvelle œuvre intégrée ajoute à la totalité. Il faut absolument éviter de fixer son œuvre : celle-ci doit rester flexible et non-rigoureuse car sa survie en dépend.

Autrefois on croyait la terre plate et il était acceptable de décrire le monde de façon linéaire. Pourtant, lorsqu'on découvrit que la terre était ronde, la langue n'était pas adaptée à cette nouvelle réalité. On a voulu adapter le monde à la langue, continuer de tenter

---

[7] J. Hyvrard, *La Pensée corps*, *op. cit.*, pp. 57-58.

de naviguer droit sur une terre ronde. La vie n'est pas linéaire mais tridimensionnelle. C'est ce que Jeanne Hyvrard veut nous communiquer. Il y a quelque chose qui cloche dans la langue que nous utilisons, mais pire que cela, beaucoup d'entre nous en sommes souvent inconscients et nous l'avons acceptée comme la seule et unique vérité ; pourtant, elle ne représente qu'une des réalités. Nous avons connu certaines des autres — la folie, le rêve et les langages renouvelés du tarot et de l'alchimie — mais on les a dévalorisés.

Depuis ses premières œuvres, Jeanne Hyvrard refuse cette linéarité car elle ne représente qu'une partie de la réalité du monde, elle ne diffuse pas toutes les voix, elle ne reconnaît pas l'existence de tous ses êtres. « Le verbe dire et son composé redire forment irrégulièrement la deuxième personne du pouvoir »[8]. La langue que l'on connaît et sa structure octroient à ceux qui la « maîtrisent » un pouvoir sur ceux qui refusent de s'y conformer, ou qui en sont incapables : cette langue ne connaît pas les mots dont ils ont besoin pour exprimer ce qu'ils ressentent, elle ne les représente pas.

Dans chacune de ses œuvres, nous retrouvons ce refus d'exprimer linéairement une pensée ronde, c'est-à-dire « holistique ». Dans *Les Prunes de Cythère*, on peut déjà voir l'organisation tridimensionnelle. Trois narratrices, une femme noire et esclave, une enfant, une folle. Trois voix marginales. Au moins trois « courants », trois histoires entremêlées : celle(s) de la narratrice, celle des Français colonisateurs et administrateurs de la Martinique, celle des Martiniquais révolutionnaires. Trois pronoms narrataires « tu, vous, ils » dont le référent varie constamment. Par

---

[8] J. Hyvrard, *Le Corps défunt de la comédie, Traité d'économie politique*, Paris, Le Seuil, 1982, p. 28.

exemple, la mère est parfois représentée par « tu », ailleurs, elle est associée à « vous », et parfois elle fait partie du « ils ». Tour à tour, la mère devient, entre autres choses, l'image de la mère morte, celle qui viole : « elle s'est étendue sur moi et m'a enfoncé son phallus dans la bouche. Arrête, mère... »[9], et celle qui nourrit sa fille.

Dans *La Meurtritude*[10], Jeanne Hyvrard offre au lecteur trois « lignes » de références auxquelles il est important de s'attarder. Ce sont des indices précieux pour toute lecture ultérieure, notamment celle de *La Pensée corps*. L'organisation de *La Meurtritude* nous donne les éléments nécessaires pour comprendre *La Pensée corps*. Cette organisation, plus complexe que celle des livres précédents et moins complexe que celle de ceux à venir, permet de visualiser l'organisation tridimensionnelle, et ce à plusieurs niveaux.

Dans *La Meurtritude*, Jeanne Hyvrard utilise trois « courants plans », c'est-à-dire, à deux dimensions. Premier courant, la Création, à savoir : les sept jours de la séparation du monde ; deuxième courant, les sept transmutations du processus alchimique ; et troisième courant, l'arcane majeur du tarot de Marseille (22 cartes dont 21 nommées et 21 numérotées)[11]. Il est vrai que Jeanne Hyvrard les présente en ordre chronologique ou numérique dans son texte mais plusieurs facteurs nous permettent de conclure qu'il s'agit d'une illusion de linéarité qui vient renforcer ce que Jeanne Hyvrard pense de la linéarité : c'est une construction privilégiée née de la dominance de la raison, de la philosophie de cause à effet et des modèles mathématiques de Leibnitz et de Newton utilisée afin de maîtriser le monde.

---

[9] J. Hyvrard, *Les Prunes de Cythères*, *op. cit.*, p. 46.

[10] J. Hyvrard, *La Meurtritude*, Paris, Minuit, 1977.

[11] Voir M. Verthuy-Williams et J. Waelti-Walters, *Jeanne Hyvrard*, Amsterdam, Rodopi, 1988.

Reprenons chacun de ces trois courants. Premièrement, la Création. *La Meurtritude* s'ouvre sur un « encodement » de la Genèse, l'histoire des sept jours de la Création (judéo-chrétienne) redéfinis par Jeanne Hyvrard :

> 1 Entête l'esprit conçut les négations et l'affirmation.
> 2 L'affirmation était chaotique, la fusion sans fond, le souffle de l'esprit couvant sur les contraires.
>
> 3 L'esprit dit : « La clarté sera ». Et la clarté est.
> 4 L'esprit voit la clarté, qu'elle est bonne. Et l'esprit sépare la clarté de la fusion.
> 5 L'esprit appelle la clarté : « Différenciation ». La fusion, il l'appelle « Confusion »[12].

Le code de la séparation. Pour Jeanne Hyvrard, la Création, c'est la création du Logos. La Raison. La Séparance. La Création du monde en sept jours. Premier courant linéaire : la Séparation[13]. Sa

---

[12] J. Hyvrard, *La Meurtritude*, *op. cit.*, p. 7.

[13] J. Hyvrard, *La Pensée corps*, *op. cit.*, pp. 196-197, entrée « Séparation » :

> Séparance. Quand je ne savais pas que la fusion existait, c'est ainsi que je *nommais* tout ce qui me séparait de toi. Ce perpétuel exil en un *lieu* où tout m'ignorait. Cet *enfermement* dans une langue me condamnant au silence. Ce verrouillage dans une *grille* te rendant inaccessible. Ainsi m'aimais-tu. Ainsi t'aimais-je comme la digue contenant mon chaos. Ainsi te vénérais-je comme la lumière. Ainsi t'adorais-je comme le fondateur de la dualité. Ainsi nommais-je, au commencement, la nostalgie de la pensée-corps.
>
> Sans toi, tout m'était vide ou blessure. Ton absence faisait l'obscurité sur ma terre. Mais dans cette *faille* s'ouvrait un abîme menant vers le monde. Je découvris petit à petit qu'il n'était pas celui dont tu m'avais parlé. Le tien était jonché des corps que tu avais abandonnés en chemin. J'inventais des déclinaisons que je ne croyais pas pouvoir exister : séparation, séparement, séparitude, séparage, et séparance surtout pour dire mon lancinant chagrin.

réécriture de l'histoire des étapes successives de la formation du monde à partir de l'informe originel rend clair le fait que l'acte de Création est en fait un acte de division.

Ainsi les sept étapes de la Création vont dans la direction inverse des autres car les sept transmutations de l'alchimie, la quête spirituelle, cherchent à reconstituer le Tout originel. La Création part de la divinité (Connaissance) et en arrive à l'homme. L'alchimie, part de l'homme pour en arriver à la Connaissance mais elle est conçue comme une imitation de la Création dans laquelle l'alchimiste recherche la perfection et c'est pour cette raison que la métaphore de l'alchimiste est un singe, le singe de Dieu : singer c'est-à-dire imiter. Courant inverse. Avec la venue de la science, l'alchimie, à cause de son élément spirituel est considérée futile, irrationnelle par ceux qui veulent *dominer* c'est-à-dire les logarques — les prêtres, les gouvernements, etc.. L'alchimie, cette quête spirituelle devait donner la Connaissance à celui ou celle qui réussissait toutes les étapes de la transformation. Pourtant, dans notre monde, Jeanne Hyvrard associe chacune des transmutations à une mort du cerveau :

> La première : la résignation. La deuxième : la soumission. La troisième : l'oppression. La quatrième : la possession. La cinquième : l'acceptation. La sixième : la fusion. La septième : la confusion[14].

Enfin, l'arcane majeur du tarot de Marseille est, lui aussi, déclaré irrationnel car le tarot permet d'explorer de manière globale, non séparatrice. Les 22 cartes de l'arcane majeur du tarot

---

Lire aussi : Achoppement, autre, bitume, deux, différence, écriture, émission, exclusion, hors, livre, log-, loi, magma, nom, ordre, projection, regarder, signe, tu.

[14] J. Hyvrard, *La Meurtritude*, *op. cit.*, pp. 134-35.

apparaissent ici en ordre chronologique. A moins d'un hasard des plus improbables, la probabilité de voir les cartes sortir en ordre numérique – linéaire – sont quasi nulles. Bien que chaque carte ait un sens qui lui soit propre, ce sont les cartes qui l'entourent qui lui donnent son contexte et une signification globale qui, elle, varie selon le contexte. Si l'on choisit de lire les cartes sans leur contexte, on ne peut accéder au sens global car celui-ci varie selon le contexte et ces possibilités sont innombrables. Cependant, dans *La Meurtritude*, l'ordre dans lequel les cartes apparaissent ne permet pas d'établir de contexte car il est évident que celui qui nous est offert est artificiel, fabriqué. Cette façon d'utiliser les cartes sert à démontrer que l'incidence de la linéarité n'est pas accidentelle et que cet ordre imposé dicte un résultat prévisible. Jeanne Hyvrard s'en sert également pour introduire le tarot à ses lecteurs. Il sert de préambule à la compréhension de *La Pensée corps*.

La Pensée corps, une nomenclature dans laquelle Jeanne Hyvrard « définit » le sens des termes utilisés à travers son œuvre, apparaît de prime abord linéaire parce que présentée comme un dictionnaire organisé en ordre alphabétique. Jeanne Hyvrard utilise comme toujours de courtes phrases juxtaposées, refusant ainsi la construction grammaticale d'une cause suivie d'un effet. Mais ici, et c'est ce qui distingue *La Pensée corps* des œuvres précédentes où les thèmes se rencontrent, se superposent et se recoupent offrant un style fragmentaire mais sans coupure qui suit le flot de la conscience, les phrases se succèdent de sorte à constituer un corps d'information cohérente contenue dans des phrases claires et succinctes. Il semble que l'auteur ait trié les phrases de ses textes littéraires et qu'elle les ait regroupées thématiquement pour les présenter ensuite en ordre alphabétique. Presque toutes les entrées contiennent une ou plusieurs références à d'autres termes de la nomenclature soit sous forme de mots en italiques, soit par renvois

(« lire aussi »), lesquels contiennent également des renvois mis en italiques. Les entrées peuvent être lues en succession, « linéairement », c'est-à-dire en ignorant les renvois mais cela n'est qu'une façon de procéder. Le contexte que Jeanne Hyvrard offre est flexible, non-rigoureux, enceptuel[15]. Jeanne Hyvrard elle-même nous suggère une façon de procéder :

> *Traitement du texte :
> Connexions connectantes, les mots en italique renvoient à d'autres entrées du dictionnaire – De plus, dans les notes « lire aussi », ils indiquent qu'ils viennent d'être utilisés dans l'article, et qu'on peut, à cet endroit, insérer un autre fragment pour élargir le texte[16].

La Meurtritude nous a appris grâce à l'arcane majeur du tarot que chaque carte tire sa signification globale de son contexte. Dans *La Pensée corps*, nous devons utiliser ce savoir afin de profiter pleinement de cet ouvrage. *La Pensée corps* se lit comme un jeu de tarot : chaque paragraphe, comme chaque carte, ouvre un nombre variable de choix possibles. Ce sont les choix faits par le lecteur qui le guideront vers de différents contextes. Voyons un exemple : nous

---

[15] Un encept, selon Jeanne Hyvrard,

> [...] forme une troisième catégorie mouvante, fluctuante, *chaotique* et *fragmentaire*. Une *notion* ouverte dans la mesure où chaque image modifie la perception de la précédente et fait appel au *sens*, à l'affectivité, à l'intuition, à la mémoire et à une *connaissance* plus ou moins consciente faite d'associations et de saisies d'anomalies que le discours oral ou écrit est incapable de reproduire.
>
> Le concept a un nom, l'encept en est les prémisses. Par exemple : si l'enfant est un concept, l'encept reprendra l'enfant avec sa *mère*, c'est-à-dire son histoire, sa mémoire et son *sacré*. Il se pense en termes de liens, c'est-à-dire étymologiquement religieux. Les encepts assurent la continuité et permettent de penser sans séparation ni rupture, dans les termes mêmes de la totalité [...]

In, J. Hyvrard, *La Pensée corps*, *op. cit.*, p. 68, entrée « Encepter ».

[16] J. Hyvrard, *La Pensée corps*, *op. cit.*, p. 9.

choisissons CONSTELLATION puisque la figure 1 nous rappelle cette image :

> Groupe de concepts et d'encepts qui doivent être pensés ensemble dans la mesure où ils constituent les uns pour les autres des *littoraux*. Fichier hétérologable, carte des connexions, structure à géométrie variable. Liste des mots répertoriés dans « lire aussi ».
>
> Lire aussi : Chaos, chaosophie[17].

Cette entrée offre un renvoi en italique et deux renvois dans « lire aussi ». En tout, 11 termes se retrouvent dans la nomenclature : la, un, autre, littoral, hétérologable, connexions, structure, liste, mot, chaos, chaosophie. Nous pouvons choisir de lire l'entrée au complet sans tenir compte des renvois puis passer à la suivante qui est CONSTITUTION. Nous pouvons également choisir d'aller au premier renvoi. On ne trouvera pas littoraux mais LITTORAL. Ici, lira-t-on l'entrée au complet sans tenir compte des renvois (il y en a six en italique dans le texte et 27 dans le « lire aussi » dont 1 est en italique) ? Si oui, nous reviendrons à CONSTELLATION ; si non, nous pouvons aller voir le premier renvoi en italique : *nomes* (5 renvois en italiques dans le texte, 31 dans le « lire aussi » dont 2 en italiques). Encore une fois, est-ce qu'on choisira le premier renvoi ? Le second ? Le vingt-deuxième « lire aussi » ? Et ensuite ? Cette constellation devient vite nébuleuse surtout si l'on essaie de structurer la lecture. Quoi que l'on décide de faire, il *faut* choisir. Quel que soit le choix que l'on fait, il sera suivi par un autre. Chaque choix permet d'élargir le texte. C'est au lecteur de décider de la constellation qu'il suivra. C'est grâce à ses choix qu'il établira le contexte de chaque entrée et ces choix lui permettront de mieux comprendre l'œuvre de Jeanne Hyvrard. De plus, doit-on se limiter au contexte de

---

[17] *Ibid.*, p. 46.

La Pensée corps ? Qu'est-ce qui empêche le lecteur, de comprendre le renvoi *Meurtritude* comme un renvoi à l'œuvre du même nom ? Qu'est-ce qui l'empêche de prendre n'importe laquelle des œuvres et de voir si les termes qui ne lui sont pas familiers se retrouvent dans *La Pensée corps* ? La sphère comme figure géométrique et comme organisation n'a pas de fin : elle s'agrandit de manière exponentielle. Elle n'a de direction que celle qu'on lui donne, et nous pouvons la changer à notre gré. Trois dimensions : nous pouvons choisir de rester à la surface, ou de nous immerger, ce qui nous ramène au *Canal de la Toussaint* et à la citation qui ouvre cet article, car, pour Jeanne Hyvrard, ces deux livres ensemble représentent le summum de sa philosophie.

Tous les textes de Jeanne Hyvrard engendrent des correspondances de toutes sortes, qu'elles soient linguistiques, historiques, culturelles, païennes, religieuses, philosophiques, économiques, géométriques, mathématiques, éducationnelles, musicales, poétiques : son œuvre est un témoignage « holistique » de l'état du monde dans lequel nous vivons. *Ton Nom de végétal*, avec sa juxtaposition de l'état du monde à un être humain luttant contre le cancer et son utilisation du tableau périodique des éléments et des taxonomies de différentes sortes est une autre description construite de manière similaire qui illustre les correspondances entre ses œuvres et le monde multidimensionnel qui nous entoure. Constellations et nébuleuses, l'univers hyvrardien en perpétuelle formation, en chaorganisation.

Resserres à louer de Jeanne Hyvrard : le bouclier du poète et les pouvoirs de la symbolique féminine

par Raymonde A. Saliou-Bulger

Abstract : The maternal side of the waters has been noted quite often. The purpose of our paper will focus on the aquatic images of Jeanne Hyvrard's *Resserres à louer*. Water is for ever a lost soul. Jeanne Hyvrard's distress has also no end. The self-alienated woman, going through madness, cancer, is drowing but, fearless swimmer, beaten by the angry flood-tide, comes out a champion with her cry, her word. She is protected by her poet's shield endowed with the paralyser magic powers of the feminine symbolism and the miracle of the word springs out of the waters of Hippocrene. The captive and the repressed feminine thought is liberated.

Dans « A bord de la logarchie dans le détroit des sciences sociales » 1996, Jeanne Hyvrard passait en revue sa venue à l'écriture et les critiques de son œuvre. Elle réitérait l'idée que la culture et l'économie occidentales sont dans une impasse car elles reposent sur l'ablation de la mère et sa dévoration et que la modernisation cybernétique ramène cette question au premier plan. Dans « A bord des frères Lumière et de leur compagnie »[1]. Jeanne Hyvrard soulignait que « la cinématographie était la mère de la télévision et combien était émouvant et sacré la possibilité de témoigner de la mémoire de la mère, de réintroduire la dimension historique maternelle, poétique et sacrée en un lieu qui l'a plus que tout autre, perdu »[2]. Il est intéressant de souligner la profonde maternité des eaux. « L'eau gonfle les germes et fait jaillir les sources. La source est une naissance continue »[3]. On parle du corps des larmes, du

---

[1] J. Hyvrard, « A bord des frères Lumière et de leur compagnie », *La Voix du Regard*, 10, 1997, pp. 175-177.
[2] *Ibid.*, p. 177.
[3] G. Bachelard, *L'Eau et les rêves*, Paris, José Corti, 1942, p.20.

chant de la rivière, des accents lugubres de l'océan. L'eau a un corps, une âme, une voix. Nous aimerions nous pencher sur les images de l'eau dans le recueil *Resserres à louer,* de Jeanne Hyvrard. Cette eau dans laquelle la femme aliénée d'elle-même, en train de traverser la folie, le cancer, se noie, mais, nageuse intrépide, flagellée par les flots en colère, sort victorieuse avec son cri, son verbe.

« Venue à l'écriture du chaos planétaire », « traité d'économie politique de l'acculturation de la société caraïbe », *Les Prunes de Cythère*[4] aurait été « le majuscule délire d'une folle condamnée à mourir d'elle-même ». La quête sacrée de Jeanne Hyvrard dont le JE se structure par rapport à un TU dans *Mère la mort*[5] son deuxième livre, est l'histoire d'un « corps à corps avec la langue » « comme si (son) œuvre entière avait pour but de trouver le passage dans les failles de la grammaire, pour en élargir les portes et franchir les barrages installés pour maintenir l'ordre » qu'elle appelle la logarchie. De livre en livre, de néologismes en néologismes, l'auteur arrivera à concevoir la langue du marais, langue qui réunit au lieu de séparer, qui ne repose pas sur une pensée binaire mais oppose « la réalité du tiers-inclus ». La langue du marais c'est celle d'avant la genèse, celle du chaos, de la pensée-corps, de la pensée ronde, c'est la langue de la *contrairation*, un langage où les mots signifient aussi leur contraire, la langue de la mondialisation, du transnationalisme. L'objet du travail intellectuel de Jeanne Hyvrard est « l'Occident ou l'ablation de la mère »[6]. Ce serait donc la dénonciation de la société patriarcale qui va jusqu'à s'approprier l'écriture féminine, cette écriture qui doit suivre les

---

[4] J. Hyvrard, *Les Prunes de Cythère*, Paris, Minuit, 1975.
[5] J. Hyvrard, *Mère la mort*, Paris, Minuit, 1975.
[6] J. Hyvrard, « A bord du *Je* de l'écriture », *Etudes francophones,* vol. XII, n. 2, 1997, pp. 7-20.

règles de grammaire des patriarches. Joëlle Cauville souligne la vision apocalyptique de l'œuvre de Jeanne Hyvrard qui nous prépare aux grandes transformations inévitables du XXIe siècle en nous plongeant au cœur du mythe renouvelé[7]. Phénomène littéraire sans précédent, Jeanne Hyvrard est le témoin du passé, de la mémoire des femmes, une chroniqueuse de toutes les oppressions notent Maïr Verthuy-Williams et Jennifer Waelti-Walters[8]. Tenter de penser la totalité, penser le chaos sans le détruire, penser le monde d'avant la genèse, d'avant la pensée patriarcale est le but de la littérature hyvrardienne soulignent les critiques. Béatrice Didier crée le néologisme *oralitude* pour définir un nouveau mode littéraire qui met en rapport écriture, féminitude et littérature orale[9]. C'est ainsi que les femmes perpétuent la voix maternelle souligne Joëlle Cauville. Les images de l'eau du recueil de poèmes *Resserres à louer*[10], aideront-elles à trouver le fusionnel, caractéristique de la langue du marais, le chant sorti des eaux avant l'écriture, avec ses soubresauts, ses ruptures, ses cris, ses meurtres ?

La liquidité est un principe du langage ; le langage doit être gonflé d'eaux souligne Gaston Bachelard qui cherche tous les doublets de phonétique imaginaire des eaux, le violon de la rivière, le balbutiement du ruisseau, le fracas de la cascade, les injures gutturales de l'eau de la gargouille qui fut un son avant de trouver son image de pierre, et les bruits lugubres des vagues de l'océan qu'il associe aux hurlements de chiens en détresse[11]. L'image du vaisseau, de la tempête, du naufrage, perdure dans les textes de

---

[7] J. Cauville, *Mythographie hyvrardienne,* Québec, Presses Universitaires de Laval, 1996, couverture.

[8] M. Verthuy-Williams et J. Waelti-Walters, *Jeanne Hyvrard,* Amsterdam, Rodopi. 1988.

[9] B. Didier, *L'Ecriture Femme,* Paris, PUF, 1981, Préambule, d'après Joëlle Cauville, *Mythographie hyvrardienne*, *op. cit.*, p.120.

[10] J. Hyvrard, *Resserres à louer*, Brest, An Amzer, 1997.

[11] G. Bachelard, *L'Eau et les rêves,* Paris, José Corti, 1942, p.232.

Jeanne Hyvrard qui projettent la violence de l'océan, ses colères et l'effet tonifiant et rénovateur des victoires de l'auteur sur les éléments. Gaston Bachelard remarque que, lors du duel entre le naufragé et les flots, l'eau violente est bientôt l'eau qu'on violente et soudain change de sexe. Nous notons comment Jeanne Hyvrard change, elle, le masculin d'*océan* en un féminin *mer Océane*[12]. La provocation ne serait-elle pas la notion indispensable pour comprendre le rôle actif de notre connaissance du monde ? Notons aussi comment la traduction de *La Meurtritude*[13] est devenue en anglais *Waterweed in the Wash-houses*[14] titre d'abord choisi par Jeanne Hyvrard pour son livre. Là, les algues sont les rêves de l'eau. L'eau est l'élément transitoire entre le feu et la terre et l'être humain a le destin de l'eau qui coule. Gaston Bachelard ajoutera : « la peine de l'eau est infinie ». C'est aussi celle de Jeanne Hyvrard.

Que la maison d'édition s'appelle An Amzer, ou le temps en breton, vaut la peine d'être mentionné. Les Bretons sont un peuple de navigateurs. Jacques Cartier et Duguay-Trouin ont su dompter la mer, cette mer qu'il faut vaincre car elle cherche à vaincre. Ses vagues sont des coups à affronter et la mer est aussi un milieu dynamique qui répond à la dynamique de nos offenses, souligne Gaston Bachelard[15]. Aujourd'hui, les Bretons essayent de récupérer leur langage celtique d'autrefois. Sont-ils contre la mondialisation parce qu'ils veulent conserver leur héritage ? La langue est la voix maternelle et cette lutte pour la maintenir a des rapports avec celle des corsaires d'autrefois lorsque l'on considère l'ambivalence de l'océan à l'eau inhumaine et nourricière et l'ambivalence de la mère qui nourrit et châtie. Quant aux resserres, elles sont souvent remplies

[12] J. Hyvrard, *Resserres à louer, op. cit.*, p. 33.
[13] J. Hyvrard, *La Meurtritude*, Paris, Minuit, 1977.
[14] J. Hyvrard, *Waterweed in the Wash-houses*, trad. E. Copeland, Edimbourg, Presses Universitaires d'Edimbourg, 1996.
[15] G. Bachelard, *L'Eau et les rêves*, Paris, José Corti, 1942 p. 225.

d'objets hétéroclites d'un autre âge dont on ne se sert plus ou de provisions pour les temps futurs. Dépotoir ou garde-manger, elles sont des lieux de mémoire. Chez Jeanne Hyvrard, le corps malsain est aussi une resserre, des tumeurs y croissent ; tumeurs que les « vautours blancs » enlèvent avec leur bistouri[16]. Vides, les resserres peuvent être utiles à quelqu'un d'autre qui y entassera des objets dont il n'a pas actuellement besoin mais qui sont aussi auréolés de souvenirs. Souvenirs joyeux et tristes ou devenus indifférents avec le temps, « ce temps qui mange ses enfants ». Dès la première page, le poète déplore la disparition des enfants dans les villes et reprenant le symbole du sombre navire du *Canal de la Toussaint*, y pose la colombe enfollée « gorge tranchée/ ailes arrachées/ l'oiseau lune des souvenirs/ l'oiseau lyre de l'oubli/ la messagère noire des terres sans oliviers ». Nous retrouvons la colombe noire qui couvait le cancer « au sein de mon sein » de la dernière page du *Cercan*. Cette colombe innommable, taboue, décapitée par les « vautours blancs ». Univers sombre mais où l'idée du voyage persiste avec les images de la gare du Nord aux piliers de fer et ciel de verre, celles des étangs et des paysages marins et les premières inspirations poétiques encore malformées dans « le flux et reflux/De la marée des mots ». Le corps fatigué, tremblant et concassé, ce corps devenu « temps tremblant et concassé/ de tant de dépôts/ accumulés » est bien une resserre dans le poème qui suit. On y trouve l'image de l'océan dont les flots vous emportent « comme une corbeille de plumes » et à nouveau celle de la colombe « couleur de lune chavirée » donc tourmentée dans sa croissance. Cet univers lugubre est pourtant éclairé par les floraisons d'un jardin encore désert à l'aube d'un jour du mois de mai tout de suite assombri par une vision de vieilles gens ou de malades au bord de la mort, d'une femme délaissée qui « guette dans l'escalier/le bruit des pas aimés » et la réflexion

---

[16] J. Hyvrard, *Le Cercan*. Essai sur un long et douloureux dialogue de sourds, Paris, Des femmes, 1987, p. 239.

interrompue du poète par la contrainte du travail. D'autres petits poèmes suivent et ceux là ont aussi une actualité triste, celle de la maladie dont le gisant du balcon au visage de Christ, fait entrevoir les horreurs de la putréfaction : humeurs, abcès, glaires, pus[17] tout à coup effacés par l'arrivée joyeuse de l'amante. Mais l'amante dans les quatrains suivants, prend le symbole de la rose feu, flamme, jaune et Perse, pour décrire le miracle de l'amour, de sa volupté et de sa trahison. Pleine de rancœur, l'amante souhaite le retour de tous les maux faits aux maîtresses à celui qu'elle appelle encore amour et les vocables, « orties », « eau croupie pleine de malaria », « pansements des femmes maltraitées », nous entraînent à nouveau au thème du sang contaminé et finalement à l'injustice du Code pénal source de malheur des femmes[18]. Est-ce une réponse à Ronsard ? C'est certainement une critique du code Napoléon. Mais c'est surtout une réflexion sur les ravages de la maladie innommable : le cancer. Cette réflexion devient très évidente avec les mots de « opéré », « la tumeur noire », « la cicatrice », d'un poème précédent et dans celui de l'épisode du vestiaire de la piscine avec « Elle avait une si belle poitrine ». L'on sent le regret de l'ablation d'un sein cette partie du corps féminin. Cette ablation doit être comprise sur plusieurs registres. Celle de l'exclusion du maternel illustrée par le mythe de Athena[19].

Il est intéressant de noter que Jeanne Hyvrard, en m'envoyant son recueil de poèmes avec « ...voici un livre un peu moins tragique... Et encore » faisait allusion *Au présage de la mienne*[20]. Texte litanique en forme de journal, dans lequel

---

[17] J. Hyvrard, *Resserres à louer*, *op. cit.*, p. 15.
[18] *Ibid.*, p. 17.
[19] J. Hyvrard souligne l'éradication complète du facteur/maternel dans la fécondation de la terre et la misogynie de la fameuse démocratie Athénienne dans « A bord de la logarchie dans le détroit des sciences sociales », 1996, p.12.
[20] J. Hyvrard, *Au présage de la mienne*, Québec, Le Loup de Gouttière, 1997.

Jeanne Hyvrard confesse son mal de vivre dans une société qui ne reconnaît que la moitié de la raison. On comprend le « et encore... » devant les textes de *Resserres à louer* décrivant les désastres infligés par le temps sur toutes choses. Mais comme toujours, Jeanne Hyvrard a un palliatif contre les maux de la civilisation logarchique qui refoule la fusion. C'est la littérature. Déjà, Jeanne a vaincu la mort qu'elle présageait, où « collé à la terre/ aux plantes et aux oiseaux/ et derrière [son] bouclier de poète/ dans les marécages du temps/ j'ai marché sur les eaux » dit-elle. Miracle de l'écriture.

Miracle de l'écriture qui renvoie, comme le bouclier de Persée dans sa lutte pour sauver Andromède, une image, celle de la tête de la Méduse qui terrasse les adversaires. La femme est redoutable puisqu'elle transforme l'homme en pierre ; ne nous arrêtons pas sur le côté sexuel de l'implication, mais soulignons que le bouclier s'approprie les pouvoirs de la symbolique féminine puisqu'il paralyse les adversaires. C'est ainsi que Jeanne Hyvrard peut s'attaquer à tout et à tous, protégée par son bouclier de poète aux vertus magiques. On a d'ailleurs souligné la magie du verbe de Jeanne Hyvrard qui a manié le tarot, l'alchimie, le jeu de l'oie sur le plan symbolique, le transnationalisme et la mondialisation sur les plans économique et politique, et la langue totalisante du marais sur le plan de l'écriture. Cela redonne au féminin une place prépondérante souligne Joëlle Cauville et permet de « l'inscrire dans un vaste projet d'intégration où les contrairations cohabitent harmonieusement »[21]. Les contrairations sont des ensembles de deux contraires perçus différents mais non séparés dans la pensée. Elles permettent de penser la totalité constamment refoulée par la contradiction. Pour l'alchimie du Moyen Age, les minerais sont engendrés par l'union de deux principes ; le soufre (semence masculine) et le mercure (semence féminine). Cependant sans

---

[21] J. Cauville, *Mythographie hyvrardienne*, *op. cit.*, p. 142.

recourir au concept d'androgynité des alchimistes, Jeanne Hyvrard conçoit la langue hermétique du marais comme celle qui abolit les contraires. Quant au tarot, il représente une ouverture vers le monde d'avant la séparation note Jennifer Waelti-Walters chez Cauville (167). Nous remarquons dans le poème « J'ai rêvé d'une pivoine » l'image de la colombe à la gorge tranchée du début du recueil. Les trois groupes de cinq vers sont suivis par les deux vers : « Rouge la gorge tranchée/ Et le sang renversé ». Le rêve est un cauchemar et la répétition de la couleur rouge, celle de la pivoine fleur venue d'Extrême Orient et celle du sang, renforce la cruauté de l'abandon de l'amante, la violence, le drame, le crime de la fin d'une vie qui s'épanche. Dans *La Meurtritude* nous lisons que « la lavandière de la nuit », « la femme dont ils ne veulent pas », « la première », « l'ogresse », « la vampire », « la dragonne », « la chouette », « la pieuvre » « la femme-crabe », « la femme cancer », « la femme écrevisse », « la première femme du premier homme », « ...revient dans le creuset de l'alchimiste. Dans le sang des femmes. Dans les acides rouges», «...revient dans tout ce qui est rouge »[22]. Nous notons l'analogie de la pivoine et de la gorge tranchée qui palpite encore comme la lumière du fanal allumé pour avertir des écueils. Toutes deux sont aussi l'image de la tumeur cancéreuse. Le cancer c'est la fleur de chair qui s'épanouit dans la poitrine du poète mais c'est aussi la poitrine féminine elle-même, la gorge, cet euphémisme, que l'on a « tranchée ». Le signal a été inutile, comme la parole de la gorge tranchée qui veut combattre l'exclusion, veut à nouveau faire partie du monde vivant. La mer démontée est à l'image du cœur brisé et du corps décapité de la muette bâillonnée mais c'est aussi la métaphore d'un monde détraqué. Ce monde inhumain des guerres d'Algérie et d'Indochine tombeaux des jeunes soldats du poème suivant. Un hymne au jour souligne le désir du poète de le « co-signer » d'en faire partie. Ainsi Jeanne Hyvrard

---

[22] J. Hyvrard, *La Meurtritude*, *op. cit.*, p. 132.

souligne le manque d'intégration des femmes et des marginaux dans la société. Cinq vers suivant l'hymne au jour, décrivent succinctement le spectacle d'un coucher de soleil sanglant, celle de la campagne inondée de la clarté lunaire. Ce spectacle irréel donne-t-il envie au poète de se réfugier au sein des eaux, ou d'en finir avec la vie en se jetant à l'eau « cœur lié et poings serrés » ? Le cœur lié ne peut plus battre puisqu'il est prisonnier et les poings serrés marquent-ils la mise en combat ou l'extase devant cette féerie cosmique ? Notons la lune blanche comme le lait maternel et la fraîcheur de la campagne inondée de clarté en contraste avec le ciel rouge à hurler tellement il aveugle et fait penser à une blessure. L'eau lavera ce sang versé. Le cœur est lié à la mère et les poings serrés sont ceux du nourrisson. Le retour désiré au sein maternel est bien souligné dans le poème qui suit. Ce court poème de six lignes attire l'attention : c'est comme un balbutiement qui confond aimante, amante, ma aman ma maman, pour devenir d'autres vocables : égérie, toute belle, grande reine puis ma rebelle, ma poésie. Voilà un point intéressant car ce balbutiement initial qui se forge avec l'amour de la mère, dans la mère et en dehors d'elle pour devenir la parole, l'œuvre propre de l'écrivain, esquisse l'acheminement, le voyage, les naufrages et le jaillissement du verbe de Jeanne Hyvrard. Nous avons noté la liquidité du langage. D'après Gaston Bachelard et Bachoffen, la voyelle *a* est la voyelle de l'eau. « Elle commande aqua, apa, wasser ». C'est le phonème de la création par l'eau. L'*a* marque une matière première. C'est la lettre initiale du poème universel. « C'est la lettre du repos de l'âme dans la mystique thibétaine »(253). Après les balbutiements, le langage gonflé d'eau s'émancipe. Tristan Tzara, le fondateur du dadaïsme, remarquera que dès qu'on sait parler « une nuée de fleuves impétueux emplit la bouche aride »[23].

---

[23] T. Tzara, *Où boivent les loups*, p.151 in G. Bachelard, *L'Eau et les rêves*, *op. cit.*, p. 258.

Les poèmes de *Resserres à louer* ne portent pas de titre. Nous relevons celui qui met en scène gamins, adolescents, professeurs de différents lycées parisiens et dont le texte est émaillé de chansons folkloriques. Le chant est mémoire a-t-on dit et ici le ton martial du ran-tan plan, de la tour prends-garde, est à peine couvert par la répétition du un peu, beaucoup, et du pas passionnément qui nie l'amour juvénile des examens. Avec « l'alchimie pour tous/ Vive la République/ Liberté fraternité/ Au féminin c'est maternité » Jeanne Hyvrard souligne ironiquement les conséquences des relations trop étroites entre les étudiants et si l'image du vaisseau perdure parmi une soi-disant tempête on en est sauvé par la règle de trois. « L'Amour à mon balcon » reprend le ton triste mais profondément poétique d'un regret. Le symbole de la fenêtre pas assez ouverte, fermée ou condamnée à cause des intempéries ou des guerres, souligne la cruauté des circonstances. L'inanité des efforts du poète nous est révélée non par manque de courage dit-elle dans le poème suivant, mais parce qu'il faudrait « Endurer dans tout l'être/ Les lois et le bris de l'alphabet ». Sa parole non seulement s'enlise mais se noie. Nous devinons que les règles de la grammaire patriarcale non seulement lui pèsent mais la bâillonnent. Cependant Jeanne Hyvrard continue ses poèmes, nous parlant des rouges-queues du jardin, du sourire du buraliste et de l'homme qui marche grave et taiseux « venu de loin aux funérailles » de sa mère. Là, elle invoque le Saint Rocher, le Saint Coteau, le Saint Cours d'eau, réunissant la nature et finalement Saint Christophe patron des voyageurs, au chagrin de l'étranger qui marche démuni dans la rue unique du village. L'Allégresse, le Maintenant, l'Obligeance, l'Urgence et la Résurgence ont accompagné l'amour dans un autre poème pour sauver la nature desséchée. Les eaux mères souterraines ont renoncé à laisser les lits et limons « A leur angoisse de pierre ». « Au paradis des chats » nous emmène dans des intérieurs et des jardins de calme, luxe et volupté, terre des dieux et des poètes, aux menus ultra fins de « gibier et de miel » et de « saumons sauvages/ Raies lottes » pêchés « Dans les mers de la terre ». Au paradis des chats on y chante des chansons. Or le chant est mémoire. Hélas, la mémoire s'estompe dans ce paradis où « on accède par des concours difficiles » et qui est brigué par « la fine fleur de la terre » pour avoir l'honneur d'être au service de la gent félidée. L'ironie passe au sarcasme et le critique vise ceux qui dédaignent la pérennité du passé et se font esclaves et serviteurs d'un matérialisme honteux, d'un monde de rêve où l'on boit du lait de femme dans des coupes de verre ciselé. Ce lait vient des mères terrestres qui en privent leurs propres enfants, comme les poissons pêchés dans les eaux de la terre pour la dégustation de chats défunts. L'ironie est grande, vise-t-elle non le culte des morts, mais l'hypocrisie et l'égoïsme de tout courtisan ? Jean de La Fontaine nous vient en mémoire. L'immoralité de l'acte est flagrante et à peine estompée par la publicité du pâté servi à l'angora de la télévision, ou par le rappel des chats de laboratoire. Les nuances à faire tiennent-elles à la contrairation du langage de Jeanne Hyvrard ? Remarquons ici les vers libres des poèmes, sans ponctuation, quatrains, sixtains, avec ou sans répétitions, litanies parfois ironiques de fausses prières, souvenirs rêveurs avec leur flèche finale mordante, observations de la vie quotidienne et de ses contingences à la différence de ceux des *Doigts du figuier*[24] ou de *La Baisure suivie de Que se partagent encore les eaux*[25] qui sont de longs poèmes relatant soit métaphoriquement la victoire de l'écriture sur l'emmurement dans *Les Doigts du figuier,* soit l'histoire de Guillaume le Conquérant et de la mal mariée reine Mathilde avec celles d'Aliénor d'Aquitaine, et de l'abbaye du

---

[24] J. Hyvrard, *Les Doigts du figuier*, Paris, Minuit, 1977.

[25] J. Hyvrard, *La Baisure suivie de Que se partagent encore les eaux*, Paris, Des Femmes, 1985.

Mont Saint Michel, pourtant suivie de celle plus contemporaine du désastre de la marée noire, soit l'histoire de la création du monde dans laquelle « le grand corbeau nous créa/ Nous et le reste/ Et les totems aussi »[26].

Les six derniers poèmes de *Resserres à louer* nous ramènent dans la vie quotidienne pleine de surprises et de deuils. Celui de beau-papa par un beau dimanche d'octobre alors qu'on triait des poires et ramassait des pommes. Il sera pleuré par ses filles et petites-filles. Le pied fracturé, le poète, la colombe enfollée du début du livre, a perdu ses ailes et l'amour. Dans la cendre de la mémoire « Gît à terre l'oiseau gisant » qu'un chasseur « a flingué/ A bout portant ». Plus loin, le poète est chagriné par la perte de sa robe à fleurs mise à la poubelle de l'hôpital : elle aurait voulu en faire un épouvantail rose des vents qui aurait désigné le chemin aux errants. Cette robe était celle qu'elle portait pour cultiver son jardin. L'avant dernier poème reprend le symbole du navire qui perdure dans tout le livre. C'est l'appel « d'une naufragée » à la « mère majesté » « le lien du monde » « sa déité ». Nous y notons les vers : « Ce n'est pas un élan d'amour vers Elle/ Hélas/ Ma Grande-Toute regrettée ». Pourtant le poète lui tend les mains du fond de sa mutité puis se récuse, elle les tend vers l'idole « Qui la rapproche de toi ». Comment peut-on expliquer cette ambivalence ? Est-ce *Mère la mort* ou *La Jeune Morte en robe de dentelle* qui peuvent nous éclairer ? Monique Saigal dans « Le Cannibalisme maternel : l'abjection chez Jeanne Hyvrard et Kristeva » met en relief

---

[26] J. Hyvrard mentionne que : « Publié en même temps que *La Meurtritude, Les Doigts du figuier* ne peuvent en être séparé à peine de trahison des deux ouvrages. Ce sont deux jumeaux symbolisant les principes du monde et surtout leur grammaire. Cette idée est développée dans « le traité du désordre » du *Canal de la Toussaint* » Note 17 dans « A bord du *Je* de l'écriture », *Etudes francophones*, *op. cit.*, p.19.

l'appropriation maternelle qui illustre le thème de la colonisation[27]. *La Jeune Morte en robe de dentelle* « brosse le portrait monstrueux d'une mère nécrophage, *elle* qui vampirise sa fille, *je*, de sorte à se l'assimiler à elle pour être », écrit Monique Saigal. Elle souligne que l'abject fait obstacle au *je* et est donc étroitement lié au problème du Moi mais aussi que « Jeanne Hyvrard et sa mère sont toutes deux des abjects l'une pour l'autre, puisqu'étant indifférenciées, elles ne sont ni sujet, ni objet mais un *ça* ». Julia Kristeva dit bien ce qui rend abject, « c'est ce qui perturbe une identité, un système, un ordre. Ce qui ne respecte pas les limites, les places, les règles. L'entre-deux, l'ambigu, le mixte »[28]. Monique Saigal observe que l'abjection kristevienne attire et repousse tout en illustrant l'union des contraires qui sert de fondement à la philosophie de Jeanne Hyvrard qui voudrait restaurer l'aspect irrationnel de la pensée captive féminine réprimée, pour la libérer. Le critique souligne les dents de la dentelle qui évoquent la voracité, et ses pleins et ses vides, métaphores de la destruction/création du Moi hyvrardien tissé au cœur de l'appropriation maternelle[29]. Ces pleins et ces vides de la dentelle doivent coexister pour qu'elle soit dentelle tout comme l'histoire personnelle de l'Annie Fontaine « infante noire des coraux » cannibalisée par la mère et nom de jeune fille de l'auteur, doit être expulsée pour que Jeanne Hyvrard s'approprie elle-même continue Monique Saigal. Cette dernière note également la relation entre vampirisme et purification et absorption et expulsion. Il y a deux types de polluants, excrémentiel et menstruel. Si la mère colonise le corps de sa fille, l'ingère et s'insère

---

[27] M. Saigal, « Le Cannibalisme maternel : l'abjection chez Jeanne Hyvrard et Kristeva », *The French Review*,, 66, 3, 1993, pp. 412-419.

[28] J. Kristeva, *Pouvoirs de l'horreur : essai sur l'abjection* , Paris, Seuil, 1974, p. 12 cité d'après M. Saigal, « Le Cannibalisme maternel : l'abjection chez Jeanne Hyvrard et Kristeva », *op. cit.*, p.413.

[29] M. Saigal, « Le Cannibalisme maternel : l'abjection chez Jeanne Hyvrard et Kristeva », *op. cit.*, p. 414.

en elle, le lien entre elles devient problématique lors du sang menstruel continue Monique Saigal. Notons ici le rappel des règles, « des affaires », dans toute l'œuvre d'Hyvrard, ce signe du corps féminin pubère. Mais le sang fait place aux eaux d'où jaillit l'identité de l'écrivain une fois l'impur et l'abject expulsés, Monique Saigal souligne le vocabulaire aquatique « qui trouble les frontières comme l'abjection, mais purifie ». Selon elle, Jeanne Hyvrard devient « la jeune née » qui lutte par le Verbe à la libération de la femme, victime chez Hélène Cixous du système patriarcal et de la mère vampire chez Jeanne Hyvrard. Cette belle étude de Monique Saigal nous aide à élucider cette ambivalence notée dans l'avant dernier poème de *Resserres à louer.*

J'avais pris connaissance d'un poème écrit pour Delphine la fille du poète. Je l'ai retrouvé dans le recueil, un texte plein de lumière, de paix, de tendresse et tout à coup de révolte : de reines, mère et fille redeviennent servantes et se demandent pourquoi : « Les rivières/ Ne coulent pas jusqu'à la mer ». On retrouve ici le vocabulaire aquatique. La question est-elle pourquoi a-t-on besoin de fleuves pour atteindre la mer ? Leurs forces n'a pas la poésie des rivières nonchalantes mais ils se combinent pour se perdre ensemble. Dans un court poème du début du recueil, l'Epte en crue se désole de ne jamais atteindre l'Atlantique « l'amant inaccessible/Le bel amour interdit ». Les affluents n'atteignent jamais la mer, le grand large. C'est la condition féminine que l'on examine ici. Est-ce une métaphore de la contrairation ? « L'homme ne peut pas penser la fusion, né de la femme, il est dès le début dans la contrairation. La femme ne peut pas dire la fusion, car née de la femme, elle n'est jamais tout à fait née » lit-on dans *Le Canal de la Toussaint.* C'est un drame bien sûr. Et le cri « O Fernano Magahllanès, Fernao venturoso pourquoi m'as-tu laissée enfermée, rêvant des griffons près de l'évier ? » rappelle bien celui de révolte de la fin du poème dans lequel l'on voit mère et fille en tant que femmes, unies dans le même emmurement. « Dans les marécages du temps », Jeanne Hyvrard a marché sur les eaux. Ce miracle, a- t-on vu tient de la magie et de la foi. Dans le poème de la naufragée, les eaux sont lourdes comme le corps qui a perdu sa mobilité dans le liquide amniotique, et il « s'engouffre dans le gouffre/ masse inerte il retourne à l'inerte/. L'esquif ne peut braver les éléments et le poème, l'esquisse, /ne peut flotter/ Sans le filet des mots ». La « mutité », l'impossibilité de parler, donne au geste de la main vers la Grande-Toute, Dieu femme peut-être, celui de la prière[30]. Nous retrouvons là, la tempête qui se lève dans les dernières pages de *La Jeune Morte en robe de dentelle* où « Le souffle de l'inspiration déchaîne les éléments. Les flots se gonflent de phrases folles. Les métaphores creusent des abîmes », la langue se fracasse, la coque craque. Coule la nacelle et du fonds des eaux jaillit l'identité de l'écrivain et la mémoire de ce qu'elle était. Mais dans le poème de la naufragée rebelle se glisse un doute. La mer Océane, le lien du monde, la mère majesté, la déité du poète entendront-elles son cri devenu silence ? Le silence est le drame de la femme toujours au lavoir ou près de l'évier. Persée lutte encore pour délivrer Andromède. Le poète ne se tient pas pour vaincu. Les voiles agitées et flottantes du dernier poème se déchirent et le voile de toutes les souffrances se transforme en bouclier. Elle y voit se refléter le visage de la Méduse mais ne vacille pas. Devenu Persée, le poète lui a déjà tranché la tête et du sang qui coule Pégase est né. L'inspiration, la folie poétique prend son vol au dessus des eaux.

---

[30] J. Hyvrard : « La Grande-Toute est le nom que j'ai adopté dans ma littérature pour invoquer Celle qui était toute ensemble une planète réunifiée, une mémoire mythique, une mémoire réelle, une matrice dont j'avais été exilée, une mère déifiée peut-être dont je ne savais pas encore que la Dieue elle-même n'était que la projection que les hommes masculins en avaient fait pour s'en débarrasser », *Etudes Francophones*, *op. cit.*, 1997, p. 19, note 20.

Ces eaux dont « les algues ne meurent pas parce qu'elles gardent la mort », « sont les forêts de la nuit », « les rêves de l'eau », « la mémoire d'avant la séparation »[31]. L'eau salée des larmes, celle pure de l'eau des sources, des frais ruisseaux et des rivières qui se mélangent à celles des grands fleuves pour arriver à l'eau inhumaine de la mer Océane, toutes ces eaux ont une parole. Elles ont aussi le destin humain celui de s'écouler comme le temps. La peine de l'eau est infinie. Elle est aussi celle de Jeanne Hyvrard.

[31] J. Hyvrard, *La Meurtritude,* Paris, Editions de Minuit, 1977, p. 42.

Perséphone qui refuse la remontée

par Metka Zupančič

Abstract : Among Jeanne Hyvrard's latest books, *Au présage de la mienne* (Québec : Le Loup de Gouttière, 1997), surprises by the overwhelming presence of death and of its continuous impact on the first person female narrator. This is a book witnessing the impossibility of overcoming that which causes defeat, decomposure, disappointment, disillusionment, disorganization of the internal structure, which mirrors the deconstruction of social structures, such as perceived by the writer. In order to circumvent and try an interpretation of the forces at work in this text, this essay calls upon tools borrowed from Buddhism, mythical criticism, and Jungian psychotherapy.

Dans un des derniers textes de Jeanne Hyvrard, *Au présage de la mienne*[1], il s'agirait presque de transcrire tout le livre, ou encore le réorganiser, pour comprendre la source inépuisable, les causes profondes de cet attrait de la mort, de cette impossibilité de se détacher de ce qui provoque la déchéance, la déception, la désillusion, la désorganisation de la structure interne, en reflet de la déconfiture de la structure sociale, telle que perçue par l'écrivaine.

Yvon Rivard, un des écrivains québécois contemporains les plus marquants et un de ces esprits humains ayant touché le fond de leur propre pensée, développait, lors d'une conférence à l'Université d'Ottawa, en mars 1996[2], cette idée que se lever le matin, sortir de son lit, organiser sa journée, relève, pour l'être humain, du dépassement de la folie primordiale, et avec elle, du dépassement de l'enlisement, de l'attrait du chaos. Rien de plus difficile, donc, que de ne pas sombrer continuellement dans la fascination que représentent les ténèbres (si on

---

[1] J. Hyvrard, *Au présage de la mienne,* Québec, Le Loup de Gouttière, 1997 (91 pp.), (seules 88 p. numérotées).

[2] Sa visite faisait suite à la publication de son dernier roman (Yvon Rivard, *Le Milieu du jour,* Montréal, Boréal, 1995, 327 p.).

peut réfléchir en ces termes), ce piège que n'arrête pas de nous tendre l'Hadès intérieur, c'est-à-dire notre mort portée en nous, la léthargie qui, un jour, l'emporte probablement, pour chacun(e) d'entre nous, et qu'il s'agit de combattre continuellement, avec laquelle nous apprenons à tricher, que nous essayons tant bien que mal de contourner.

Il s'agit certainement de deux niveaux d'attraits fatals, de celui qui nous guette de l'intérieur, qui est inhérent à notre propre nature, et de celui qui vient de l'extérieur. Évidemment, une nature encline à se désespérer rapidement aura tendance à être plus perméable aux impulsions venant de l'extérieur. D'ailleurs, les gens affirment souvent que ce monde est une vallée de larmes, et les bouddhistes ont bâti toute leur philosophie de vie et tout leur enseignement sur la donnée irrévocable, celle de la vie comme lieu de souffrance[3]. Porter sur ses épaules le poids de nos propres angoisses, et aussi, porter le poids des peines du monde, équivaudrait, dans la psychologie, à un dérèglement qu'on taxe d'habitude de dépression. Plus la fragilité intérieure est grande, plus le monde pèse lourd, plus l'existence semble sans issue, pour le « soi » et par rapport aux « autres ». Pour la personne qui souffre profondément, le « soi » et les « autres » se recoupent, en fin de compte. D'où vient alors l'impulsion menant au renversement de cette situation pour le moins désagréable et qui, au pire, entraîne un laisser-aller quant à la vie, et des tendances suicidaires, comme on peut se l'imaginer ? Le travail de la « bête qui ronge », de cette souffrance à l'œuvre, est en soi suffisamment destructeur, il est en soi une mort lente, en fin de compte.

---

[3] Pour parler du bouddhisme, je ne me réfère pas à un seul livre ou à un seul auteur, tout en essayant de synthétiser à ma façon cette philosophie, pour les besoins de la présente réflexion. Parmi les textes qui, en Amérique du Nord, ont apporté un enseignement intéressant, je cite les suivants : J. Goldstein et J. Kornfield, *Seeking the Heart of Wisdom : The Path of Insight Meditation,* Boston & London, Shambala Publications, 1987 (195 p.) ; P. Chödrön, *The Wisdom of No Escape and the Path of Loving-Kindness,* Boston & London, Shambala Publications, 1991 (108 p.) et S. Rinpoche, *The Tibetan Book of Living and Dying,* San Francisco, Harper, 1992 (425 p.).

La médecine, la psychothérapie et la psychanalyse essaient chacune soit d'appliquer des outils externes (qui varient des médicaments allopathiques ou homéopathiques à toute autre source plus ou moins admise, plus ou moins alternative de stimulations) soit d'encourager chez la personne qui éprouve ce désarroi le réveil des forces intérieures guérisseuses. Car, avouons-le, cet état de crise perpétuelle, de douleur flagrante devant le monde, n'est pas acceptable dans nos sociétés. Il faudrait peut-être dans ce cas précis aussi, et non seulement en ce qui concerne la « folie pure et simple » (mais comment circonscrire ce qui en relève ?), recourir à Michel Foucault, pour trouver l'explication de ce phénomène. J'avancerais, pour ma part, que la société essaie de « guérir » chez un de ses membres ce qui la menace en général : « soigner » l'autre égale ne pas sombrer soi-même dans cet état qui, pourtant, est inhérent à chacun(e) d'entre nous ; ne pas succomber à cet état qui pourrait, à la rigueur, provoquer notre propre mort. Ce serait s'avouer vaincu(e)s par le trop, le trop-plein, le trop douloureux, par ce qui, pour chacun(e), à un moment précis de la vie, pourrait faire basculer l'existence de l'humanité et non seulement la nôtre : entre le chaos qui menace et l'effort pour maintenir l'ordre, pour remettre les choses en place, pour continuer à croire que la vie a un sens, plusieurs sens, que l'avenir peut être beau, la brèche reste à colmater tous les jours, sans répis, aux dires d'Yvon Rivard.

Jeanne Hyvrard, ou bien faudrait-il parler de son alter-ego littéraire, de la narratrice à la première personne (mais qui cache tellement peu LA personne...), se révolte en quelque sorte contre cette nécessité, cette imposition sociale de survivre, malgré tout, malgré les efforts que demande la survivance. Dans cette ritournelle reprise sans arrêt, « La mort, aujourd'hui, c'est... », elle refuse, au fond, de passer l'éponge sur ce qui l'irrite, sur ce qui fait mal. Non seulement insiste-t-elle sur ce qui provoque la douleur mais, dans une discipline féroce, elle essaie d'isoler un état, une situation susceptible de la faire mourir tous les jours, jour après jour. En se concentrant là-dessus, elle semble cependant produire deux effets presque contradictoires. D'une part, elle accuse la société, le Monde, de la mettre constamment à l'épreuve, de lui faire reconnaître son impossibilité de s'élever au-dessus de ce qui la perturbe. D'autre part, elle, ou bien son écriture, accuse à haute voix la lâcheté de tous les autres de *ne pas se révolter* contre ce qui, pour elle, paraît insupportable, à savoir surtout la lâcheté de vivre la vie comme si de rien n'était, alors que sa narratrice paraît continuellement perdre ses moyens. Notre velléité de subir les événements et de garder un voile épais sur ce qui *devrait* pourtant nous perturber nous aussi, cette capacité qu'a le monde de se régénérer, malgré tout ce qui nous accable, produit comme l'effet contraire chez la narratrice, une sorte de rage dans la répétition de son cri – de ce cri à l'aide, un cri de détresse, qui est en même temps un cri accusateur des injustices, des bêtises, des peines que la plupart accepte et subit – comme si de rien n'était.

Cependant, l'acte seul de l'écriture, de cette organisation disciplinée, de ce journal de bord tenu entre un 31 décembre et un premier janvier trois cent soixante-cinq jours plus tard, est un démenti de ce qui apparaît d'abord comme un simple étalage de la détresse d'une femme, devant la désobéissance de son corps, devant ses états d'âme (d'une âme profondément blessée), et bien sûr devant les impulsions négatives du monde ambiant. Au départ, l'écriture sert à accuser, à pointer du doigt, à se plaindre, à aggraver la détresse, puisque cette détresse est chaque jour approfondie, répétée. En même temps, l'écriture est presque la seule voie de salut, elle apparaît comme cet outil interne, intériorisé, capable d'engendrer non seulement les mots, leur agencement, leur interdépendance, mais aussi un autre état d'esprit, un quelque chose qui fera sortir de la nuit, qui permettra de voir autrement.

Avant de scruter davantage le texte, pour lui faire dire ce qui perturbe la narratrice, quelques mots pour annoncer ce vers quoi semble se diriger cette écriture. À la dernière page qui n'est plus numérotée, après le septième des paysages de Christine Boutet qui accompagnent l'écriture hyvrardienne, vient l'inscription du 1er janvier. Comme par hasard, c'est un dimanche (jour du seigneur, de celui qui a – enfin – maîtrisé si ce n'est le monde, au moins sa hantise de ne pas savoir s'acclimater à l'existence). Ici seulement, l'écriture abandonne le « soi » souffrant pour céder la place à un court récit loin d'être neutre. C'est celui de la mort du Pharaon, à la suite de laquelle « sa sœur jumelle, son clone, son héritière, la machine, éclata d'un grand rire et ouvrant ses bras à la biomasse errante, dévoila ses seins d'amertume et de faim » (s. p. [p. 91]). Le dernier syntagme, les « seins d'amertume et de faim », marque à mon avis le renversement de la situation, celui qu'on espérait : autant pour cette écriture que pour nous-mêmes, puisque le danger de mort, ou bien des actes porteurs de mort, à tout instant, commençaient probablement à éprouver notre propre « patience », notre propre capacité de faire face à la détresse. Après le maître sur Terre, le mâle, vient sa jumelle, identique et pourtant différente, qui sait briser le charme par le rire, même si ce dernier est rempli d'amertume. Pour cette jumelle, par des mots d'une extrême simplicité et, en même temps, d'une extrême beauté, la narratrice fait transparaître une compassion infinie, celle devant la femme (mythique ?, ancienne ?), l'incarnation de toute la richesse et de toute la complexité douloureuse de toutes les femmes, de toujours.

La narratrice dans le récit de Jeanne Hyvrard, celle qui s'applique à trouver une petite mort à toute nouvelle journée à laquelle elle est comme condamnée à vivre, n'est pas cet être bouddhique qui observerait le monde en constatant parfois avec de l'ironie, parfois avec un sourire, avec de l'affection (désintéressée, au possible) à quel point tout est imprégné de mort, de cette mort qui apporte le changement, qui fait de la place pour une nouvelle aventure, pour une nouvelle existence, selon cette circulation et cet équilibrage constants des énergies polaires, celles de destruction, de construction, et surtout de la transformation perpétuelle entre les deux. Celle qui dit « je » dans le texte hyvrardien est au contraire complètement plongée dans la peine totale, et cette peine vient paradoxalement du fait même qu'elle semble ignorer, menacée quotidiennement par la mort, à quel point elle s'y soustrait, à quel point elle réussit à y survivre. Et aussi : même s'il y a de quoi mourir tous les jours, il faut en quelque sorte continuer l'existence, ne pas se laisser submerger, malgré les obstacles qui paraissent insurmontables. C'est dans ce sens que cette écriture relève de la révolte qui, on dirait, est plus forte que la torture quotidienne subie et endurée et subie de nouveau.

Il ne s'agit nullement de donner des conseils ni à l'écrivaine ni à cette narratrice du texte, sur la façon de dépasser la souffrance. Car, aucune personne qui prétend connaître les lois de l'univers telles qu'enseignées par les philosophies anciennes, souvent en provenance de l'Orient, ne détient vraiment les clés de la libération, même pas pour soi, et encore moins pour les autres. Mais encore, les bouddhistes recommandent qu'on s'engage dans un processus de « désidentification » susceptible de mener à la libération. Cependant, ce processus de prise de distance (salutaire) est tout aussi perpétuel et constant que les phénomènes face auxquels il est utile de rester vigilant(e)s, pour éviter nos réactions habituelles, celles qui relèvent de la souffrance. Devant cette continuité des phénomènes qui nous assaillent, il existe ainsi le recours à l'observation de soi, de ces mouvements infimes, de ces pulsions subtiles qui font que telle chose fait mal, que tel événement provoque une crise.

Le conseil de travailler principalement sur soi, au lieu de vouloir ébranler le cours du monde, vient du fait qu'en général, nous ne pouvons pas vraiment affecter les phénomènes extérieurs et qu'il nous est impossible de provoquer des revirements en fonction de nos souhaits, de ce qui nous paraîtrait « juste », « acceptable ». Au fond, le travail sur soi consiste à voir la nature profonde des choses, à accepter comme telle la souffrance inhérente à l'existence humaine, la souffrance devant tout ce qui nous accable, devant ce que nous percevons comme la dernière menace, la mort « finale ». Il s'agit aussi de reconnaître la douleur de nous sentir victimes, de nous sentir mal compris(es), de ne pas obtenir ce dont nous croyons avoir besoin. C'est ainsi qu'il est possible de nous détacher de nos sentiments, de nos perceptions des phénomènes, et de ne pas nous prendre tellement au sérieux, de ne pas nous identifier avec nos actes, de ne pas nous laisser porter par l'énergie d'une situation, par une colère, par une contrainte physique, par une sensation désagréable, etc.

Par conséquent, pratiquer l'observation mène inévitablement à identifier sa propre souffrance, et aussi, provoque souvent le désir d'en sortir, ce qui ne semble pas être le cas de la narratrice hyvrardienne. Cependant, l'ouverture finale dans *Au présage de la mienne* se fait comme malgré cet être déchiré et douloureux : je dirais grâce à l'écriture et par le biais de cette dernière.

Ainsi, la littérature est en soi un procédé qui agit dans le sens de la prise de conscience, quelle que soit la position de départ et quelles que soient les intentions de celle qui écrit. S'il y a un mot pour caractériser l'instance narratrice hyvrardienne, j'opterais pour la passion, pour cet investissement intense, exigeant, face aux lectrices et aux lecteurs, cette invitation à plonger avec elle dans ce qui, par le biais de l'étymologie du mot « passion », nous ramène à la souffrance. Dans la mesure où le texte littéraire se met à vivre lorsque s'établit le contact entre les mots et leurs récepteurs (et j'éviterai ici de rentrer plus à fond dans les théories de la lecture et de la réception littéraire), c'est en fin de compte à la lectrice de décider si elle se laisse entraîner par cette intensité, si la passion de la narratrice provoque chez elle de la compassion, de la lassitude, du rejet ou encore l'identification. Le texte, à l'insu de celle qui l'a composé, ou en dehors de sa volonté, joue probablement sur tous ces registres. Toutefois, à observer le cours de ma propre réflexion, on dirait que cette dernière procède elle-même selon le mode de désidentification (post-cathartique ?) d'avec le texte. Du moins, dans la mesure où cette réflexion est elle aussi une sorte de prise de conscience, elle semble être à la recherche d'une alternative, à un moment où le texte dérange trop, fait (trop) ressortir l'inacceptable.

À penser aux moines riants, surtout dans les représentations iconiques chinoises des différentes phases du bouddhisme, en route entre l'Inde et le Japon, on s'aperçoit du rôle libérateur que joue le rire dans toute prise de distance, face à la détresse, face à ce qui submerge l'esprit. Mis à part le rire amer de la fin du livre, le texte de Jeanne Hyvrard apparaît cependant bien plus tel un répertoire détaillé de ce qu'on désignerait, avec Bouddha, comme les causes profondes de la souffrance humaine, à savoir la maladie, avec le dénuement à des niveaux différents. À côté de l'inégalité et de l'injustice sociale, il y a, pourtant, cette égalité devant la dernière donnée inévitable, pareille pour tou(te)s, la mort. Sans donner de faux espoirs, sans promettre une transcendance, et ainsi, sans permettre de voir dans un au-delà imaginaire et imaginable une « existence » meilleure que celle de tous les jours, le bouddhisme enseigne à faire face justement *aux choses telles qu'elles sont.* Notre désir profond de ramener le monde à notre mesure (cette mesure étant de surcroît changeante, sujette à nos sautes d'humeur) égale en fin de compte à notre (vaine) tentative de conjurer cette mort inévitable, la mort finale qui, nous le savons sans vouloir nous l'avouer, peut advenir à tout moment. Bien avant la médecine et la biologie modernes, le bouddhisme a compris dès le départ ce fait simple et pourtant si compliqué, pour l'âme humaine qui souhaite s'accrocher à une continuité dans la croissance, dans un mouvement linéaire, à savoir que les morts sont perpétuelles et consécutives, qu'il existe ces petites morts nécessaires pour que la vie continue. Devant le monde qui meurt à chaque instant, tout comme meurent inlassablement nos cellules et que de nouvelles naissent pour prendre leur relève, et tout comme de nouvelles structures biologiques et sociales apparaissent en dehors de notre contrôle et au-delà de ce que nous pouvons imaginer, le bouddhisme n'abdique pas, ne prêche pas le désinvestissement à l'égard de l'existence : parce que, finalement, le présent est le seul endroit où nous puissions agir. Le piège, là encore, est de savoir comment agir. Car, vouloir pénétrer le monde par notre volonté, vouloir orienter les événements d'après les souhaits de notre ego, revient à continuellement ruer dans les brancards.

Dans une perspective plutôt occidentale, on aurait d'ailleurs tendance à accepter comme « normale » cette continuité dans notre identification avec l'ego, malgré les déboires que cela peut provoquer. C'est encore à partir de l'ego qu'on chercherait à définir la « nature profonde » d'un être humain qu'on observerait évidemment dans sa façon de penser et d'agir. L'approche psychanalytique s'inscrit clairement dans cette perspective, quel que soit le but de son investigation, en l'occurrence l'observation d'un texte littéraire. Je reviendrai plus loin à l'approche jungienne et à sa façon de circonvenir les paradigmes psychiques utilisés dans une œuvre littéraire, ce qui m'aidera à éclairer encore autrement le texte hyvrardien. Pour le moment, j'aimerais signaler, à l'aide de la mythocritique ou encore de la mythanalyse, que ces paradigmes s'inscrivent, selon Gilbert Durand, comme une « dernière donnée » mythique, inébranlable et plutôt cimentée, dans un texte littéraire, voire dans tout texte littéraire.

À considérer d'abord l'aspect mythanalytique, *Au présage de la mienne* pourrait alors se lire comme porteur d'une énergie prométhéenne, dominant plutôt le XIXème siècle, toujours selon Gilbert Durand[4] : Prométhée portant le poids des malheurs de l'humanité prend pour ainsi dire dans son propre corps la punition qui devrait infliger les hommes. Ce mythème (simplifié pour les besoins d'une lecture qui veut se diriger encore dans d'autres avenues) est clairement doublé d'une certaine vision de la passion du Christ. Dans ce sens, le geste de la narratrice hyvrardienne se justifierait par la nécessité d'aller jusqu'au bout de la souffrance, jusqu'au bout du malheur, éprouver des crucifixions parce que, même à l'envers, même rejetées par les autres, elles garantissent un

---

[4] G. Durand, *Figures mythiques et visages de l'œuvre*, Paris, Berg, 1979 (327 p.), principalement dans le Chapitre 8, « Les mythes et symboles de l'intimité au XIXème siècle », p. 221-242.

certain sens à la vie[5]. Malgré les objections possibles en provenance d'une certaine théologie (chrétienne), selon laquelle nous n'avons plus besoin de perpétuer le geste de la crucifixion, assumé pour nous « sauver », c'est-à-dire nous sauver de la nécessité de le répéter, par le Christ lui-même, la littérature, notamment celle de Jeanne Hyvrard, montre bien à quel point notre conscience et notre écriture continuent à fonctionner selon le mode mythique (ancien), celui de la reprise d'un modèle fondateur, celui qui justifie nos actes et nos pensées et qui, à la longue, attribue une valeur à notre existence – tout en n'étant peut-être plus un modèle viable, un modèle apportant l'enrichissement (et l'affranchissement) intérieur.

Il paraît probablement nécessaire de suivre ces modèles dans une certaine phase de notre vie, tant que ne mûrisse notre perception très claire du phénomène de l'identification, et avec ce dernier, la possibilité du choix et de réorientation. Il semblerait que dans une perspective mythocritique et d'ailleurs tout aussi bien jungienne, se dégager de l'emprise d'un paradigme mythique sans tomber dans un autre serait pratiquement impossible. Je ne voudrais pas revenir sur ce que j'ai déjà développé dans un texte sur la construction des systèmes mythiques[6] et de la possibilité de s'en libérer, ne serait-ce que pendant le bref instant de la prise de conscience. J'ai déjà fait remarquer que dans le texte de Jeanne Hyvrard, la narratrice n'éprouve pas le désir de se libérer de son

---

[5] Toujours dans *Figures mythiques et visages de l'œuvre* (surtout p. 227), Gilbert Durand signale que « souvent la femme et la féminité sont absentes de cette mythologie, à l'exemple de rédemption judéo-chrétienne ou des loges maçonniques de ce siècle romantique ». On pourrait donc supposer que Jeanne Hyvrard apporte en quelque sorte, dans *Au présage de la mienne,* la vision féminine du mythème prométhéen, tout en étant « en retard », dans ce texte plus que dans d'autres, par rapport au mythème dominant de notre siècle qui, d'après Durand (surtout au Chapitre 9 des *Figures...*, p. 243 *et sq.*), serait celui d'Hermès (qu'elle ne manque pas d'exploiter ailleurs dans son écriture, en plaçant ses narratrices souvent dans le rôle des médiatrices).

[6] M. Zupančič, « Mythes et utopies : approches féministes », in *Récit et Connaissance*, éd. F. Laplantine, J. Lévy, J.-B. Martin et A. Nouss, Lyon, Presses Universitaires de lyon, 1998, pp. 109-120.

emprisonnement – celui d'une certaine vision du monde, d'une certaine fascination par la mort. Telle une Perséphone, cette femme, dans le texte, s'inscrit à la fois dans un contexte et dans un ancrage. Le contexte auquel je fais référence est celui de la recherche en psychanalyse jungienne qui aborde notre psychisme (la littérature comprise) du point de vie des modèles mobiles et cependant stables, attribuant à notre « nature profonde » une dimension sacrée sinon divine (digne d'être prise au sérieux, digne qu'on lui témoigne de la révérence). La deuxième notion, celle de l'ancrage, ne fait qu'ajouter une dimension à ce contexte, à savoir qu'il s'agit, dans cette façon de procéder, de la recherche des paradigmes évoluant par strates, se modifiant selon époques (c'est là qu'interviendrait la mythanalyse), et cependant reconnaissables, à partir des caractéristiques attribuées à une divinité d'origine plutôt gréco-latine. Ce choix de fixer les paradigmes à partir de la Grèce, signale, pour les Occidentaux que nous sommes, l'acceptation de ce « berceau », dans la formation de nos images primordiales, ce qui se rapproche au moins en partie des préoccupations de l'écrivaine.

En quoi cette narratrice hyvrardienne à la première personne apparaît-elle principalement comme une Perséphone plutôt que comme porteuse d'autres ensembles mythiques ? Jean Shinoda Bolen, dans son livre souvent utilisé dans le contexte de la « découverte personnelle », *Goddesses in Every Woman : A New Psychology of Women*[7], classe parmi les « déesses vulnérables », dans son chapitre sept (p. 132 *et sq.*), trois modèles mythiques, Héra, Déméter et Perséphone, les deux derniers modèles étant souvent associés. Elle consacre ensuite tout son dixième chapitre (p. 197 *et sq.*) à la présentation de Perséphone définie, entre autres, comme la reine du monde souterrain, comme la femme réceptrice (et, partant, très sensible et vulnérable), ainsi que la « fille de sa mère »,

[7] J. Shinoda Bolen, *Goddesses in Every Woman : A New Psychology of Women*, New.York, etc., Harper & Row, 1984 (334 p.).

par rapport à Déméter[8]. D'ailleurs, de nombreuses caractéristiques associent la fille mythique à sa mère, notamment la dépression, causée par la perte soit d'une personne ou d'une idée (Jean Shinoda Bolen, pp. 195-196). Le retour de la force vitale (identifiée à l'archétype de la jeunesse, donc au printemps, du point de vue de cette psychanalyste) s'opère parfois par des phénomènes qui paraissent négligeables, mais qui peuvent faire revenir des ténèbres aussi bien la femme-Perséphone que la femme-Déméter. Il s'agit apparemment plus que de la simple remise de la dépression : la femme-Déméter, ainsi que la femme-Perséphone (p. 196), mûrissent à travers la souffrance et leur guérison est liée au fait qu'elles reconnaissent la nature cyclique de l'existence, avec des retours sporadiques de ce qui cause le malheur et de ce qui suscite le bonheur.

C'est dans ce contexte que la narratrice dans le livre de Jeanne Hyvrard paraît être une Perséphone s'emprisonnant elle-même dans une souffrance continue, prolongée, qu'aucun rayon de soleil ne distrait de sa fascination par le malheur. Selon l'expérience de Jean Shinoda Bolen, la plupart des Perséphone ont déjà vécu non seulement la dépression mais des maladies psychiques assez graves. Comme elles connaissent à fond le monde de l'au-delà, dont elles étaient « captives » (p. 203) pendant une période de leur vie, elles peuvent servir de guides à toutes celles qui s'y aventurent. À transposer cette interprétation dans le cadre du texte hyvrardien, il apparaîtrait, comme le suggère le titre de mon étude, que la narratrice-Perséphone s'obstine à ne pas vouloir se départir de ses angoisses, des menaces constantes à l'égard de ce qu'elle croit être son intégrité. En général, les Perséphone des analyses jungiennes (ou post-jungiennes) reviennent d'un monde imaginaire, pour retrouver la

---

[8] Je signale que plusieurs collègues, principalement M. Saigal, se sont penchées sur le rapport entre mère et fille dans les textes hyvrardiens, par rapport au roman *La Jeune Morte en robe de dentelle,* Paris, Des Femmes, 1992 (Monique Saigal, « Le cannibalisme maternel : l'abjection chez Jeanne Hyvrard et Kristeva », in *French Review*, Vol. 66, no 3, February 1993, pp. 412-419). La figure maternelle, castratrice, bâtisseuse de l'avenir de la fille (l'impact dont la fille, le plus souvent, tente de se débarrasser), exécutrice fidèle et appliquée de la loi patriarcale, ne cesse d'ailleurs de hanter l'écriture de Jeanne Hyvrard.

réalité de la vie au quotidien, et c'est ce qui représente leur « remontée ». Chez Jeanne Hyvrard, c'est la réalité quotidienne qui apparaît tel l'enfer, et j'ose avancer que cela se produit en fonction de cette loupe de négativité qui transforme tout objet, tout phénomène, tout événement social en une cause directe d'angoisses, d'inquiétudes et de douleurs. Pour les synthétiser très brièvement, j'avancerais que chez Jeanne Hyvrard, d'une inscription quotidienne à l'autre, trois registres différents se côtoient. Premièrement, il s'agit de ceux qui évoquent le contact avec d'autres personnes (« la sensation d'être une proie », *Au présage...*, p. 32, « la terreur de l'abandon », *ibid.*, p. 60). Deuxièmement, c'est le manque intérieur des forces (« l'impossibilité de me mettre à préparer ma valise », *ibid.*, ou encore « cette récurrente plongée dans la liquidation abyssale du corps », p. 34). Troisièmement, il y a la situation politique dans le monde (« la Bosnie qui agonise, les Casques Bleus prisonniers, et un avion français mitraillé », p. 33). La plupart des exemples qu'on pourrait prélever ici et là dans le livre s'inscrivent d'ailleurs dans ces trois niveaux de peines et de misères.

À sa façon, avec cette écriture de la souffrance, Jeanne Hyvrard fait elle-même partie des guides dans l'au-delà, dans ce monde où tout paraît néfaste. Il est certain qu'elle appelle non seulement à l'aide (surtout lorsqu'elle évoque le manque de communication avec les êtres chers), mais aussi à une prise de conscience, à une réaction contre ce qui ne devrait plus se faire, ne devrait pas être admis, permis, accepté, en politique, en affaires, en éducation, dans la société en général. Si je reviens au bouddhisme évoqué plus haut, je répète que cette philosophie n'appelle nullement à l'abdication devant la force, devant ce qui tue, devant ce qui démolit. Mais, en règle générale, il sert à peu de choses de s'agiter lorsqu'on se trouve dans un état de détresse : à revenir vers la métaphore mythologique, il est recommandé que Perséphone se débarrasse des emprises du néant, de la nuit, pour pouvoir aider les autres.

Évidemment, on peut se demander si l'écriture de Jeanne Hyvrard vise cette aide portée aux autres, si son intention est de provoquer des modifications sociales, des changements de conscience. À la suite de nos entretiens enrichissants et passionnants, que nous reprenons au fil de mes visites chez elle, il est possible d'avancer que l'écrivaine se considère comme profondément marginale, étrangère dans son propre pays, et pourtant tellement dévouée à une série de valeurs dont elle observe quotidiennement la destitution, la dégradation. Parmi ces valeurs, la littérature joue un rôle important (« C'est pourtant plus que jamais le temps du livre », *Au présage...*, p. 25), encore s'agit-il de percer le mur, de briser ce cercle infernal d'une écriture pour le tiroir, des textes refusés (disons-le, par les « grandes » maisons d'édition de son propre pays). Ce n'est probablement pas un hasard qu'*Au présage de la mienne* ait vu le jour au Québec, ainsi que le dernier recueil de nouvelles, *Grand Choix de couteaux à l'intérieur*[9], avec une écriture provocatrice, lucide, plus sarcastique, donc, moins « maladive », moins dépressive d'*Au présage de la mienne.* Souhaitons que cette ironie retrouvée, à savoir la force de prendre des distances par rapport à « soi-même », puisse générer d'autres textes, lus et appréciés, pour que l'écrivaine n'ait plus à appeler, comme dans *Au présage de la mienne,* « *Kyrie eleison !* », « *Christe eleison !* » (p. 63).

---

[9] Jeanne Hyvrard, *Grand Choix de couteaux à l'intérieur,* Hull, Vents d'Ouest, 1998 (132 p.). Signalons également, au moment de la révision de ce texte, la sortie toute récente (en 1999) aux Éditions Trois à Laval, au Québec (et après plusieurs années d'attente), d'un autre livre de Jeanne Hyvrard, *Ton Nom de végétal* (372 p.).

Le Cheval d'or : une version originale du conte de fées par Jeanne Hyvrard

par Joëlle Cauville

Abstract : In *Le Cheval d'or*, a fairytale which ends the collection of short stories entitled : *Grand Choix de couteaux à l'intérieur* (1998), Jeanne Hyvrard distances herself from traditional recipes of the genre and sets free her original political and poetical commitment. Thus, a systematic textual analysis of time, space, discourse, characters, and mythic structures enables us to show now this tale, initially dedicated to her daughter, Delphine, echoes the writer's entire work, reflecting its apocalyptic and messianic faithfully. Numerous allusions to her former books confirm this statement : for example, the central character of the tale : « la femme en mauve » reminds the reader of la « jeune morte » in *La Jeune Morte en robe de dentelle* and of Victorine in *La Meurtritude*. Far from weakening Hyvrard's complex message, the simplicity and the briefness of the tale offers an all the more striking stylized version of it.

Le Cheval d'or[1], conte apparemment de facture classique où le merveilleux joue sa part, dont la structure semble, au premier abord, conventionnelle, se révèle, après une lecture approfondie, très représentatif de l'écriture hyvrardienne, de ses obsessions, de son engagement politique et poétique et de l'originalité de son style.

Ce conte clôt un recueil de nouvelles publiées en 1998 et intitulées : *Grand Choix de couteaux à l'intérieur*. Sa place ultime n'est peut-être pas sans raison : il paraît en effet constituer une sorte de version stylisée du discours de l'auteure qui y abandonne sa prédilection du néologisme, son humour mordant pour laisser place à l'imaginaire, ses mythes et ses symboles, et il constitue, par le ton pathétique de son message, une sorte de conclusion à l'ouvrage où :

---

[1] J. Hyvrard, *Le Cheval d'or*, in *Grand Choix de couteaux à l'intérieur*, Hull, Vents d'Ouest, 1998.

> Le monde décrit est celui dans lequel les acteurs vont jusqu'au bout de leur logique[2].

Initialement dédié à sa fille Delphine, « la chair de l'espérance », *Le Cheval d'or* a ensuite paru dans le quinzième numéro de *La Revue et Corrigée de Bruxelles*[3], dans les années quatre-vingt.

Avant de procéder à une analyse textuelle systématique et de déceler en quoi Jeanne Hyvrard se distance des recettes traditionnelles du genre, il faut rappeler son aversion pour un certain type de conte qui assigne aux femmes un rôle peu enviable. En effet, à la fin des *Prunes de Cythère*, elle dénonce la part faite aux héroïnes de contes de fées qu'elle place sur le même plan qu'un certain cinéma et qu'elle considère comme le symbole de l'oppression des filles, perpétuée par leurs mères. La narratrice de ce premier roman de Jeanne Hyvrard s'efforce d'effacer ces lectures de l'enfance de son imaginaire :

> Je ne vous dirai pas que j'entre en guérissance tant que je n'aurai pas vomi
> Cendrillon et Monroe réunies. Perrette et Le Pot au lait. Le Petit Chaperon rouge traversant le bois. La Belle au bois dormant, attendant le prince charmant. Blanche-Neige faisant le ménage. Et Garbo et Dietrich. Toutes ces femmes pour qui vous avez été élevées, repoussoirs résignés, futures mères exemplaires, crevant à essayer de l'être... Je ne vous dirai pas que j'entre en guérissance.Tant que je ne vous aurai pas craché à la gueule[4].

Elle partage en cela le point de vue de Simone de Beauvoir et plus récemment celui d'Elena Gianni Belotti. La première constate dans

---

[2] J. Hyvrard, *Grand Choix de couteaux à l'intérieur*, *op. cit.*, verso de la jaquette de couverture.

[3] *La Revue et Corrigée de Bruxelles. Hiver 1983-84.*

[4] J. Hyvrard, *Les Prunes de Cythère*, Paris, Minuit, 1975, p. 234.

Le Deuxième Sexe que la jeune lectrice des contes puise en eux un enseignement négatif :

> Toute une cohorte de tendres héroïnes meurtries, passives, blessées, agenouillées, humiliées, enseignent à leur jeune soeur le fascinant prestige de la beauté martyrisée, abandonnée, résignée[5].

La seconde, auteure d'un essai intitulé : *Du Côté des petites filles,* fait le même constat. Elle donne l'exemple de Grimm où quatre-vingt pour cents des personnages négatifs sont des femmes :

> Subir sans se rebeller toutes les vexations fait partie de ces vertus féminines que l'on exalte. Cet idéal féminin a survécu, puisque, dans les livres de lecture pour enfants, on représente toujours la mère comme une créature mélancolique et servile qui ne cesse de sourire, même sous l'insulte[6].

C'est donc à une facture du conte renouvelé qu'il faut s'attendre dans *Le Cheval d'or.*

Qu'est-ce qu'un conte ? Comment définit-on les lois du genre ? Le conte se pose à priori comme une forme close sur elle-même où, selon Christophe Carlier, auteur de *La Clef des contes*[7], l'écart par rapport au réel ainsi que le schématisme psychologique et moral qui caractérise souvent le genre imposent à l'écrivain un nombre limité de pages. Dès 1727, Furetière, dans son *Dictionnaire universel,* indiquait que « la brièveté est l'âme du conte »[8]. Ce dernier est une fiction qui nous distance de la réalité par l'éloignement spatial et temporel qu'il nous propose : « Il était une fois...dans un pays lointain » et par la mise en scène du merveilleux, de l'insolite, du bizarre. Toutefois, comme le souligne

---

[5] S. de Beauvoir, *Le Deuxième Sexe*, Paris, Idées, Gallimard, 1981, tome 2, chapitre I, p. 36.

[6] E. G. Belotti, *Du Côté des petites filles,* Paris, Editions des femmes, 1971.

[7] Ch. Carlier, *La Clef des contes*, Paris, Collection Ellipses, 1998.

[8] Cité par Ch. Carlier, *La Clef des contes, op cit.*, p. 8.

toujours Carlier, il ne faut pas ignorer l'irréversibilité de ce merveilleux qui est aussi une manière de regarder notre monde d'un œil critique.

De plus, pour mieux situer le conte hyvrardien par rapport à la définition traditionnelle du genre, il paraît encore utile de souligner le lien du conte à la fable en ce qu'il livre un enseignement, une morale, l'opposition du conte à la légende qui revendique la dignité de l'Histoire écrite (*La Légende des siècles* de Victor Hugo en est un exemple) tandis que le type de récit qui nous intéresse a la familiarité de l'oralité.

Finalement, et ceci nous interpelle davantage en ce qui concerne l'écriture hyvrardienne, il convient de noter le lien étroit entre mythe et conte. Même si, au premier abord, mythe et conte n'ont pas un rapport similaire au sacré : l'un, en effet, se fonde sur un rapport d'entraide entre les dieux et l'humanité, mettant en scène tout un panthéon divin alors que l'autre se nourrit de superstitions populaires et se peuple de sorcières et de génies, la frontière entre sacré et profane est mince. Ceci n'est pas sans faire écho à l'une des plus importantes *contrairations*[9] de l'œuvre de Jeanne Hyvrard. En effet, l'écrivaine se réclame d'avoir en commun avec la tradition biblique la cérémonie du livre et de l'écriture comme lieu du sacré. Pour elle, on ne peut subsister qu'entre ces deux impératifs : vivre le sacré pour ne pas mourir et renoncer au sacré pour ne pas mourir. Or, refuser de séparer le sacré du profane, le mythe du conte, rejoint la pensée anthropologique la plus prestigieuse :

> Parce que le même type de récit peut être, selon les circonstances, empreint ou non de sacré, la différence entre le conte et le mythe ne semble pas être très rigoureuse. Georges Dumézil renonce, faute de critères sûrs, à distinguer les deux termes. Lévi-Strauss

[9] Selon l'auteure, *la contrairation* est un ensemble de deux contraires perçus différents mais non séparés dans la pensée. Elle se différencie de la négation qui s'y oppose. Elle permet de penser la totalité autrement refoulée par la contradiction. Voir : *La Pensée Corps*, Paris, Editions des Femmes, 1989, p. 47.

> témoigne des mêmes réticences lorsqu'il voit dans le conte »un mythe en miniature» (*Anthropologie structurale, II)* : pour lui, les deux notions n'appartiennent pas à des univers différents. Seules leurs proportions les opposent[10].

« Il sera une fois. Non, il était une fois. Mais comment savoir si, parce qu'elle est déjà arrivée, cette histoire ne se reproduira pas ? » Ainsi débute *Le Cheval d'or* comme si, d'entrée de jeu, la narratrice ne voulait pas adopter le rôle de la conteuse omnisciente, comme si elle pervertissait la structure temporelle du récit qui veut qu'il renvoie au temps des origines, à ce monde perdu, fabuleux, auquel nous n'avons plus accès. Au lieu de se réfugier uniquement dans une chronologie nostalgique, écho d'un temps durable et révolu, l'écrivaine sème le doute et la pertubation en utilisant le futur. Ce qu'elle va nous conter est autant du domaine de l'avenir que de celui du passé. Elle refuse au lecteur la référence confortable de l'unique : « il était une fois... » et l'implique davantage. En fait, elle sonne l'alerte : ce que l'on va lire nous concerne, à l'aube du vingt-et-unième siècle.

Ce brouillage temporel n'est certes pas nouveau dans l'univers hyvrardien qui nous situe toujours dans « un état d'urgence planétaire », dans un temps hors du temps, où l'auteure devient « la mémoire du monde » car la femme, contrairement à l'homme vit son rapport au temps en termes de permanence, d'éternité, de continuité :

> La femme...est corps féminin. Conçue et concevant. Encevant. Permanence. Continuité. Entité. Infinie depuis le commencement du temps. Hors le temps. Dans le temps. En le temps. L'abolition du temps. Le temps même. L'éternité[11].

---

[10] Cité par Ch. Carlier dans *La Clef des contes*, *op. cit.*, p. 11.

[11] J. Hyvrard, *Canal de la Toussaint*, Paris, Editions des Femmes, 1989, p. 15.

Ainsi, en juxtaposant à la formule « il était une fois... » « il sera une fois... » la conteuse se permet d'inventer ses propres lois. Le passé allié au futur lui donne toute liberté d'installer son propre code, d'abolir nos objections et c'est en cela que leur référence crée un caractère magique, nous mettant subrepticement en face de notre propre temporalité. Jeanne Hyvrard n'hésite pas d'ailleurs à faire usage de deux présents qui ont un impact remarquable dans le récit. En effet, à propos du néologisme « arbriser » sur lequel nous reviendrons, la narratrice s'écrie que « tous les enfants le connaissent » (127) ; quant à la morale du conte, elle nous ramène à maintenant avec ces propos de la Débile :

> Et c'est pourquoi *maintenant*, il y a toujours le Seigneur-de-la Peur enfermé dans son château, et des fleurs aux arbres chaque printemps. (132)

L'espace dépeint dans *Le Cheval d'or*, semble, en revanche, en tout point correspondre à la convention :

> Un pays très lointain, tout au bout de la raison. Tout au bout de la route. Un pays au -delà des lacs et des montagnes. Au -delà des rivières et des torrents. Au -delà des ravins et des prairies. Un pays de pierres et de chardons. Sans eau ni fontaine. (124)

Toutefois, si Jeanne Hyvrard ne se prive pas de la formule rituelle « dans un pays lointain » qui joue infailliblement le rôle de sortilège, elle transgresse les contraintes imposées par l'espace et ses lois. Ce pays est antérieur à la naissance du monde, à sa Genèse où Dieu partagea maladroitement les eaux des eaux[12], puisqu'il se caractérise par l'absence d'eau si ce ne sont celles qui coulent « des mains de ceux qui les ouvraient » (125). L'auteure ne va pas jusqu'à donner à l'espace le rôle de ressort du conte : aucune

---

[12] L'écrivaine se livre à une constante réécriture de la Genèse tout au long de son œuvre. *Que se partagent encore les Eaux* (Paris, Editions des Femmes, 1984), en constitue peut-être le texte le plus remarquable.

distortion entre l'infiniment petit et le gigantesque par exemple comme l'avait fait Voltaire dans *Micromégas*, aucune réduction de la gamme chromatique qui donne sa tonalité poétique au *Conte Bleu* de Marguerite Yourcenar. Elle ne se prive pas du merveilleux pourtant. Non seulement l'eau est-elle générée par les mains offertes, celles de l'amour mais le cheval d'or lui-même est le fruit de la métamorphose d'un morceau de soleil tombé dans les voiles de la femme en mauve. De plus, comme dans l'orthodoxie du conte de fées, l'animal parle et verse des larmes humaines. Lorsque la balle du méchant seigneur l'atteint en plein coeur, il s'écrie en pleurant, désespéré de la cruauté humaine : « Pourquoi ? » En fait, le texte abonde en événements miraculeux. Quiconque essaie de s'emparer du cheval fabuleux est immédiatement terrassé, voit ses membres mutilés, carbonisés, et lorsque l'animal est mortellement blessé, la Débile guérit ses plaies de ses caresses.

Cet espace voué au merveilleux que Jeanne Hyvrard dessine dans *Le Cheval d'or* est par-dessus tout symbolisé par le Bois sacré. Or, il est intéressant de noter que les gens du village, sortes de personnages allégoriques (chacun désigne une corporation ou une catégorie sociale particulière et est affublé d'une majuscule : l'Artiste, la Cuisinière, le Curé, l'Instituteur, le Menuisier ...) ne se souviennent plus de la raison de son appellation de Bois sacré et arguent tous des motifs différents, profanes et superstitieux, comme s'il existait un espace et un temps antérieurs à ce « temps très ancien » où l'on communiquait directement avec le sacré, où il n'existait aucune barrière entre le Divin et l'humain.

Là encore *Le Cheval d'or* est représentatif de l'écriture hyvrardienne où l'auteure déplore la perte de la mémoire. Rappelons les voix féminines de *La Meurtritude*[13] et plus

---

[13] J. Hyvrard, *La Meurtritude*, Paris, Minuit, 1977.

particulièrement Victorine qui veut sauver la mémoire de la fusion, quitte à se mourir d'amour :

> Ils croient que je mourrai de ne pouvoir dire ensemble le corps, la raison et l'esprit. Ils croient que je mourrai de ne pouvoir réunir ce qu'ils ont séparé. Ils oublient la langue du figuier. Ils ne la comprennent pas. Mais ils l'entendent quand même. Je dirai tout ensemble la mort et la vie. La contrairation, la fusion, le sacré, la folie, l'invivable, je dirai l'eau. Je dirai ensemble l'affirmation, le raisonnable, le profane, le vivable, je dirai la terre. Terre et eau. Raisonnable et folie. Profane et sacré. Je dirai la terre qui les réunit. Je dirai l'eau qui les réunit. Je dirai la terre et l'eau. Et leur amour, le marais...(135)

Le bois se situe entre la forêt sauvage et la nature domptée du jardin. Sur le plan de la symbolique traditionnelle, c'est un lieu de danger et de connaissance mystérieuse. C'est là que le conte classique y place la rencontre avec le Grand Méchant Loup, c'est là qu'habitent l'Ogre, la Sorcière et les brigands. Mais le bois est aussi source de vie, de régénérescence et en son sein se produisent des métamorphoses, se combattent angoisses et désirs. *Le Dictionnaire des symboles*[14] rappelle que chez les Anciens, Grecs et Latins, comme chez d'autres peuples, les bois étaient consacrés à des divinités et qu'ils symbolisaient la demeure mystérieuse des dieux :

> Ces bois sacrés peuplés d'arbres antiques d'une hauteur inusitée... Tout cela ne donne-t-il pas le sentiment qu'un dieu réside en ce lieu ?[15]

Le Bois sacré hyvrardien devient ironiquement le lieu de défaite de l'homme le plus rusé du village : le Père François qui comme tout un chacun veut attrapper le fabuleux cheval. L'écrivaine nous laisse entendre qu'il est habité par une célèbre

---

[14] J. Chevalier et A. Gheerbrant, *Le Dictionnaire des symboles*, Paris, Robert Laffont/ Jupiter,1982.

[15] Sénèque, *Lettre à Lucilus*, 41, 2 in LAVS, 170, trad. Révisée, *Dictionnaire des symboles ,op. cit.*, p. 135.

figure de la mythologie qui n'est autre que Daphné, jeune chasseresse indépendante, réfractaire au mariage et à l'amour, qu'Apollon poursuivait de ses feux. Elle avait déjà évoquée sa triste histoire dans *Mère la mort*[16], dénonçant la conduite déplorable du mâle glorieux du panthéon grec aux inombrables histoires de rapt :

> Un homme. Le temps avec ses chevaux. Un homme qui poursuit une femme. Mais, quand il la saisit, elle devient laurier. (65)

Dans *Le Cheval d'or*, c'est un peu comme si Daphné prenait sa revanche et devenait le double de l'animal, puisque le Père François, caché derrière un laurier du Bois sacré, voit sa main carbonisée tomber en cendres, lorsqu'il s'apprête à saisir l'animal, appâté par une touffe d'herbe luxuriante provenant du lieu sortilège. Et Jeanne Hyvrard de conclure :

> Curieux spectacle cette branche coupée au poignet à côté d'un bosquet de laurier. (129)

En ce qui concerne le temps et l'espace, on peut donc conclure que *Le Cheval d'or*, passant outre les convenances et les contraintes du genre, reflète l'obsession hyvrardienne d'un univers de la totalité où présent, passé et futur s'interpellent, où ici et ailleurs sont décloisonnés, par delà la logique binaire et la raison sclérosante :

> Comment dirai-je alors que je suis la mémoire de la totalité. L'absolu corps du monde d'avant la fermeture du langage... Je suis le lieu du décloisonnement. Là où un ordre se défait pour un autre autrement[17].

---

[16] J. Hyvrard, *Mère la mort*, Paris, Minuit, 1976.

[17] J. Hyvrard, « L'Identité, dis-tu ? », 1983 (Texte inédit).

Si l'on examine l'ordre du discours du conte, on s'aperçoit que, comme en ce qui concerne le temps et l'espace, Jeanne Hyvrard tantôt se soumet à ses règles strictes, tantôt s'en affranchit de façon originale.

Parmi les traits les plus constants de l'écriture du conte, Christophe Carlier distingue l'archaïsme de l'expression, la mise en scène de l'oralité et le retour cyclique de certaines formules.

Tout comme elle a décidé de placer le temps du récit à la fois dans le passé et dans l'avenir, abolissant le concept même de temporalité et ramenant son lecteur à l'époque contemporaine, L'auteure du *Cheval d'or* se joue de l'archaïsme et de la langue d'autrefois en les remplaçant par le néologisme. Ainsi en est-il d'*arbriser* formé sur « arbre » et « briser » qui traduit cette transformation dramatique de leurs bras que subissent les personnages cupides du conte, en guise de punition pour avoir convoité le cheval magique :

> Leurs bras étaient devenus des branches desséchées. Pour eux, on inventa le verbe arbriser. (127)

Le passage de la parole dans l'écriture est sans doute une des caractéristiques les plus représentatives du genre. La narratrice n'intervient pas directement dans le texte hyvrardien ; toutefois, l'abondance des dialogues contribue à donner le ton de l'oralité. Il en est de même pour la répétition des formulettes, « refrains simples qui constituent la pulsation du conte »[18]. Ces formulettes authentifient le conte dont elles balisent le déroulement. On a déjà mentionné le familier « il était une fois » qui engage le récit et que Jeanne Hyvrard utilise à différentes reprises. Elle parsème ainsi son récit de jalons poétiques au caractère sonore, aisément mémorisables et souvent enfantins, (n'oublions pas que *Le Cheval*

[18] Ch. Carlier, *La Clef des contes*, *op. cit.*, p. 52.

d'or était initialement destiné à sa fille Delphine). Ainsi, « En des temps très anciens » est-il répertorié neuf fois dans le conte et la formule suivante, répétée quatre fois bien que sensiblement modifiée, au début du récit et concernant le paysan et son fils, premières victimes de la cupidité :

> En ce temps-là, les fils voyaient toujours la même chose que leurs pères...
> En ce temps-là, Les fils avaient toujours les mêmes défauts que leurs pères...
> En ce temps-là, les fils suivaient toujours le même chemin que leurs pères...
> En ce temps-là, les fils faisaient toujours comme disaient leurs pères...(127)

Tout comme dans la structure formelle du conte – temps, espace, ordre du discours – *Le Cheval d'or* reflète, au niveau des personnages, les préoccupations de l'auteure.

La femme en mauve sur son balcon ne représente pas une figure nouvelle pour le lecteur attentif de l'oeuvre hyvrardienne même si elle évolue ici dans une situation originale.

Elle est revêtue de mystère : « Personne ne savait qui c'était » (125). Elle est d'abord actant[19] : c'est elle qui provoque la situation initiale du conte puisque, non seulement elle se fait

---

[19] Selon Propp (*Morphologie du conte populaire russe, 1928*), l'actant désigne l'entité quelle qu'elle soit qui assume tel ou tel type de fonction (par exemple, la violation, la soumission, la traîtrise, etc...) Il relèvera sept types d'actants : le traître, le donateur ou le pourvoyeur, l'auxiliaire, la personne désirée et son père, le mandateur, le héros, le faux héros. Greimas (*Sémantique structurale*) aura une façon originale de percevoir la combinaison des différents actants à l'intérieur du récit. Il la résume par le schéma suivant :

Destinateur---Objet-→Destinataire
↑
Adjuvant→Sujet←Opposant

magicienne, lorsqu'elle attrappe le fragment de soleil dans son voile, qui, une fois secoué, laisse échapper un cheval d'or, mais elle le fait réapparaître par la force de sa pensée. Toutefois, son rôle actantiel se transformera vite en celui de témoin immobile et muet du drame villageois ; elle présidera du haut de son balcon, dominant la mêlée, doublant l'écrivaine omnisciente qui de son imagination laissera échapper la poésie des mots.

Son accoutrement vestimentaire : les dentelles, les voiles mauves rappellent la figure de *La Jeune Morte en robe de dentelle*[20] et surtout la « femme en mauve » de *La Meurtritude* : la mort, la « mère du meurtre », le féminin archaïque dans toute son ambivalence :

> La mort traversée tant de fois que je la connais par son nom. Je regarde passer sa robe mauve et son ombrelle. Elle m'a rendue pareille à elle [...] c'est la femme en mauve debout près de moi. La femme en mauve transvasant la mort sans en perdre une goutte. (89)

Dans le roman, elle contenait à elle seule toutes les voix narratives hyvrardiennes. Elle était le symbole de la spiritualité, du sacré, elle est le sacré. Elle est d'ailleurs incarnée par la Papesse, personnage du Tarot qui tient ouvert devant lui *Le Livre des prophètes*. Dans *Le Cheval d'or*, elle est nantie d'ailes bleues et or, ce qui lui confère un caractère angélique. La narratrice de *La Meurtritude* la dépeignait enfin comme la « lavandière de la nuit » (24), aveugle d'avoir trop contemplé les soleils immobiles, sourde d'avoir trop entendu le gémissement des pierres, muette d'avoir enfanté des oiseaux et elle concluait que toutes les femmes qu'elle rencontrait n'étaient peut-être que celle-là. *Le Cheval d'or* a, au centre de son récit, ce même emblème du féminin et du maternel :

---

[20] J. Hyvrard, *La Jeune Morte en robe de dentelle*, Paris, Editions des Femmes, 1990.

> Elle avait eu tant d'enfants qu'ils avaient peuplé les étoiles. (125)...Elle n'avait ni loi ni règle, à cause des algues qu'elle avait dans le cerveau. On disait que c'était le lavoir des fées.(128)[21].

Pourtant, cette mystérieuse créature, bien qu'elle incarne le féminin fondamental occulté, ne rejette pas pour autant le responsable de sa situation invivable : c'est elle qui par la pensée fait apparaître le Cheval d'or au Seigneur de la Peur, caricature du pouvoir séparateur, mettant ainsi en danger la vie de l'animal fabuleux qu'elle a créé :

> La femme en mauve sur son balcon regardait la scène (entre Le Seigneur et les villageois) car elle aimait le Seigneur bien qu'il fût méchant et prétentieux. (130)

Pour Jeanne Hyvrard, la quête du féminin, du maternel doit être dépassée. Aucun matriarcat utopique dans son univers poétique qui ne se contente pas de dénoncer l'aliénation de la femme dans un monde fait par et pour les hommes mais celle de l'homme lui-même prisonnier de son ignorance et de son oubli du maternel. La peur du Seigneur, celle des villageois qui les incitent au meurtre, naissent de l'incapacité de l'homme à penser la fusion, la mémoire de la totalité car il a été, dès le départ, séparé du maternel. Quant à la femme, elle ne peut le formuler. Le conte n'élimine donc pas l'amour mutuel de l'homme et de la femme que Jeanne Hyvrard considère comme inévitable dans *Canal de la Toussaint*[22] :

> L'homme ne peut pas penser la fusion, né de la femme, il pense en termes de hors. Elle se pense en termes de en...La femme ne peut pas dire la fusion, car née de la femme, elle ne peut pas en différer.

---

[21] Il est intéressant de superposer ici *Canal de la Toussaint* : « La pensée femme ne fournit pas de gulfs mais des ondes des algues et des poissons ». *op. cit.*, p. 61.
[22] *op. cit.*, pp. 13-4 et16-7.

> L'homme et la femme séparés pour toujours. Et pourtant non. Il est né d'elle. Ils s'aiment. Ils se connaissent. Ils ne peuvent être séparés seulement différenciés.

En dehors de la femme en mauve, trois personnages essaient, chacun à leur tour d'enrayer le processus de violence et de cupidité qui anéantit le village. Ce sont respectivement : la petite fille, le vieillard et la Débile. Tous trois représentent la voix de la vérité, tous trois sont ignorés et même, dans le cas des deux premiers, assassinés, pour avoir osé la dire. Ce sont des représentants de *la Tierce Culture*[23], de cette frange de la société qui regroupe ceux interdits de parole parmi lesquels les fous, les femmes, les malades etc... Massacrée, la petite fille qui jouait innocemment à la marelle et qui a osé dire que le Père François était mort, victime de sa fourberie. Assassiné, le vieillard pour avoir confronté le village à sa propre peur :

> - Vous me méprisez parce que je n'ai plus de forces et que je ne peux plus subvenir à ma nourriture. Vous aimeriez me voir mourir, parce que je suis votre fardeau et que je vous parle de votre avenir...Mais voyez, la force ne suffit pas à vaincre ! Alors les gens le massacrèrent parce qu'il avait dit vrai, qu'ils avaient peur, et que ce meurtre les soulageait. (130)

Quant à la Débile, elle opère dans un ordre autre : elle est de l'autre côté de la raison, elle est de l'ordre du vivant que Jeanne Hyvrard appelle encore la *Biochaïe*[24]. Sorte de fou shakespearien, elle est celle que l'on ne prend pas au sérieux mais ironiquement

---

[23] Voir « Au bord du marais », p. 26 : « une culture pour le XXIe siècle qui transcenderait la culture occidentale et la culture du Tiers Monde, transformant leurs déchirements en alliance et intégrant les changements économiques, techniques et sociaux en train de survenir. Cette Tierce Culture à inventer n'est pas une culture d'entre-deux qui serait un simple compromis ».

[24] La *Biochaïe*, néologisme qui englobe à lui seul la vie (bio), le chaos et l'archaïque, est définie ainsi dans *Canal de la Toussaint, op. cit.*, p. 91 : « L'organisation du vivant, la même depuis toujours. La pensée femme. La pensée corps. La pensée ronde. La biochaïe ».

son handicap la rend invincible : « ...Mais elle ne mourut pas car elle était débile » (131).Elle n'est pas totalement étrangère à un certain type de personnage traditionnel du conte de fées que Carlier définit ainsi :

> Dans la plupart des récits, un personnage donné comme faible, simple ou simplement jeune (Le Petit Poucet) ou encore disgrâcié (Le Vilain Petit Canard) – en fait un être auquel s'identifie spontanément l'enfant – surmonte les difficultés et trouve sa place dans la société des adultes[25].

La Débile du *Cheval d'or* est l'autre figure féminine qui contribue à la morale du conte. La première, la femme en mauve, fait surgir de son imaginaire l'animal merveilleux. La seconde le restitue, le guérit de ses blessures infligées par « l'ordre canon » (voir *Canal de la Toussaint, op. cit.*, p. 81) en lui prodiguant des caresses au pouvoir surnaturel. Ses larmes sont également salvatrices : en effet, sorte de Demeter christique, la Débile rachète par son chagrin et son amour inconditionnel, toute la violence du monde et assure ainsi le retour du printemps. Il est intéressant que Jeanne Hyvrard éprouve le besoin, dans un texte aussi court, d'inscrire, en filigrannes, une variation du mythe de Demeter tant développé ailleurs dans son oeuvre[26].

Si l'on examine enfin le symbolisme du cheval d'or lui-même, on est frappé par le fait que là encore, Jeanne Hyvrard a voulu rendre compte d'un monde de la totalité en choisissant comme emblème de son récit l'animal peut-être le plus ambivalent du bestiaire symbolique.

---

[25] Ch. Carlier, *La Clef des contes, op. cit.*, p. 81.

[26] Voir mon analyse de ce mythe dans : *Mythographie hyvrardienne. Analyse des mythes et des symboles dans l'œuvre de Jeanne Hyvrard*, Québec, Les Presses de l'Université Laval, 1996, chapitre 2, pp. 88-97.

De cette valeur symbolique complexe et équivoque, nous ne retiendrons qu'un élément mentionné par plusieurs dictionnaires et encyclopédies du symbolisme[27] qui s'accordent à trouver en lui un symbole chtonien à connotation maternelle qui figure dans les couches les plus profondes de l'inconscient sous le double aspect créateur et destructeur :

> [...] Les psychanalystes ont (...) fait du cheval le symbole du psychisme inconscient (...) archétype voisin de celui de la mère, mémoire du monde, ou bien de celui du temps (...) ou encore de celui de l'impétuosité du désir[28].

Toutefois, de même que la nuit conduit au jour, le cheval devient ouranien et solaire.

Le cheval hyvrardien naît à la fois d'un morceau de soleil tombé dans les voiles de la femme en mauve qui, telle un prestidigitateur, le transforme en animal, et de la pensée de celle-ci. Ses origines doubles l'apparentent donc à Pégase, cheval céleste qui, bien qu'il portât sa foudre à Zeus, est pourtant d'origine chtonienne puisqu'il est né soit des amours de Posséidon et de la Gorgone, soit de la terre fécondée par le sang de cette dernière. Fait en or, « métal au caractère igné, solaire et royal, voire divin »[29], il rappelle également la monture rayonnante du Christus Triumphator. On pourrait même l'identifier à ce dernier : ne paraît-il pas racheter, avec l'aide de la Débile, tous les péchés du monde, à la fin du conte ? :

> Une balle l'atteignit en plein poitrail juste là où son poil était le plus beau, comme un soleil aux reflets de sang. (131)

---

[27] Entre autres, *L'Encyclopédie du symbolisme,* version française sous la Direction de M. Cazenave, Paris, La Pochotèque, Le Livre de Poche, 1996.
[28] *Le Dictionnaire des symboles, op. cit.*, article sur le cheval, pp. 222-232.
[29] *op. cit.*, article sur l'or, pp. 705-707.

La métaphore christique ne s'arrête pas là, puisque du cheval blessé s'échappe une colombe, symbole de pureté, mais aussi de paix, de bonheur retrouvé (voir la colombe qui rapporta un rameau d'olivier à l'arche de Noé et signifia ainsi la fin du Déluge et le pardon de Dieu). Toutefois, la comparaison avec le Sauveur a aussi une connotation négative dans le texte hyvrardien. En effet, le cheval possède le même pouvoir de dessication que le Christ de *La Parabole du figuier* (*Evangile selon Saint Mathieu*, 21/22) que l'écrivaine a longuement développée dans *Les Doigts du figuier*[30] qui débute ainsi :

> Il est arrivé quelque chose aux doigts du figuier
> Une malédiction
> Un malheur... (7)

Ce que Jeanne Hyvrard dénonce à travers l'acte de violence d'un Christ par ailleurs tout amour, c'est son inattendue intolérance : Il frappe d'interdit, de malédiction qui ne veut pas le suivre. Emanant de l'énergie solaire, le cheval d'or est ainsi porteur de stérilité, s'il n'est pas contrebalancé dans ses actions par l'apport lénifiant de l'élément complémentaire et purificateur, l'eau, symbolisée par les larmes de la Débile. Lui seul ne peut faire refleurir les arbres au printemps, il a besoin de sa collaboration : de ses caresses et de ses larmes pour conjurer la mort :

> Elle lui montra les arbres desséchés qu'il y avait partout dans le village, et elle lui dit :
> -Rends-leur la liberté !
> Mais il ne le pouvait pas [...]
> -Alors, dit-elle, fais au moins qu'ils refleurissent au printemps, mes larmes les arroseront. (132)

[30] J. Hyvrard, *Les Doigts du figuier*, Paris, Minuit, 1977.

Cet effort commun du cheval et de la Débile qui n'est pas sans rappeler celui du *meurtri* pour ne pas rejeter le *meurtrant* dans le mythe d'Abel et Caïn revisité de *La Meurtritude*[31], illustre le fait que l'univers hyvrardien n'est pas celui de la séparation mais de la médiation, afin de créer le monde de la totalité. C'est là que réside la morale du conte et non pas dans la punition du seigneur de la peur enfermé à jamais dans son château. Jeanne Hyvrard dépasse ainsi la fin traditionnelle de ce genre de récit où les méchants sont toujours punis.

En conclusion, cette lecture du *Cheval d'or* nous a permis de montrer ce que le conte hyvrardien doit à la tradition du genre et en quoi il s'en démarque. Elle nous a surtout donné la possibilité de souligner combien ce court récit s'inscrit dans l'ensemble de l'œuvre hyvrardienne, sorte de microcosme de la vision apocalyptique de son auteure et de son messianisme.

---

[31] Voir mon analyse dans *Mythographie Hyvrardienne, op. cit.*, pp. 130-134.

Menaces de mort, pulsions d'écrits dans l'œuvre hyvrardienne

par Miléna Santoro

Abstract : In this study, I apply the insights afforded us by the psychoanalytic theory of life and death drives to the work of Jeanne Hyvrard, in order to analyze the role of death as a key motor and ubiquitous motif in her writing. While I concur that the mother-daughter relationship examined by many other critics is also central to Hyvrard's thematics, I attempt to demonstrate here that this dyad is but one of the many instances of the symbolic and real death threats that motivate the writing and fictional voices of resistance produced by the author. Examples drawn from both her early and more recent texts support this approach, and help to elucidate one of the most important recurring themes of Hyvrard's work, and one that resonates uncannily clearly with the hopes and fears of our times.

Pour saisir l'importance de la mort comme moteur et motif de l'œuvre de Jeanne Hyvrard, il ne faut que parcourir les titres qui jalonnent ses vingt-deux ans d'écriture. *Mère la mort* (1976), *La Meurtritude* (1977), *Le Corps défunt de la comédie* (1982), *La Jeune Morte en robe de dentelle* (1990), et même *Le Silence et l'obscurité*, dont le sous-titre est *Requiem littoral pour corps polonais (13-28 décembre 1981)* (1982), tous ces titres nomment la mort ou la suggèrent clairement. A cette liste d'allusions assez directes, ajoutons d'autres titres où la menace de mort est moins directe, mais non moins présente : *Le Cercan* (1987), dont le titre en verlan désigne le cancer, *Au présage de la mienne* (1997), où la mort surgit par le biais du pronom possessif, et enfin *Grand Choix de couteaux à l'intérieur*, paru au printemps de 1998, dont, au dire de l'auteur, les nouvelles se situent « dans cette période en effet où la cruauté des gens les uns envers les autres devient meurtrière », cruauté cristallisée grâce à l'heureux hasard d'un panneau d'affichage, aperçu chez un coutelier, qui a donné son titre au recueil[1]. En tout, environ la moitié des titres hyvrardiens marquent, d'une manière ou d'une autre, la présence de la mort, thème qui n'est d'ailleurs pas moins important dans les ouvrages qui ne l'affichent pas explicitement dans leur titre. C'est l'omniprésence de ce thème qui nous mène à croire que l'écriture hyvrardienne puise son énergie créatrice et son élan dans un rapport étroit avec la mort. Chez Jeanne Hyvrard, l'écriture ne semble naître que grâce à la menace de mort tout en réagissant contre celle-ci, dans un mouvement paradoxal que l'auteur appellerait certainement une « contrairation »[2], et que la psychanalyse recouvre par la notion de « ces tendances fondamentalement opposées mais nullement exclusives l'une de l'autre : pulsions de vie – pulsions de mort »[3].

Si les textes de Freud, dont la théorie de la pulsion de mort daterait de 1920 selon l'étude récente de Poissonnier[4], font bel et bien partie des lectures de Jeanne Hyvrard, stipulons aussitôt qu'il ne s'agira pas ici d'une exégèse sur l'influence des théories freudiennes sur les textes de cette dernière. Toutefois, il est pertinent d'observer à quel point Jeanne Hyvrard elle-même revêt l'origine de son écriture, au début de sa carrière, d'une authenticité symbolique, en la décrivant comme un geste littéraire inconscient, où sa pensée s'est exprimée par la voie de la fiction malgré ses intentions scientifiques explicites. Dans un entretien avec Euridice Figueiredo en 1985, par exemple, Jeanne Hyvrard affirme : « le premier livre que j'ai écrit, *Les Prunes de Cythère*, ne voulait pas du tout être une oeuvre littéraire, mais un rapport sur la situation économique et sociale des Antilles. Je ne pensais

---

[1] Entretien personnel avec Jeanne Hyvrard, le 11 juin 1998.

[2] J. Hyvrard, *La Pensée corps*, Paris, des femmes, 1989, p. 47. Dans la définition élaborée par Jeanne Hyvrard, la contrairation « permet de penser ensemble les *contraires* qu'elle ne dissocie pas. Elle les différencie de la négation qui s'y oppose. Elle permet de penser la *totalité* [...] ».

[3] D. Poissonnier, *La Pulsion de mort de Freud à Lacan*, Paris, Erès, 1998, p. 39.

[4] *Ibid*, p. 23-46.

absolument pas faire acte de littérature, mais, de bonne foi, un rapport sociologique ». Plus loin, elle précise encore : « J'ai vu dans la perte de soi-même qui arrivait aux Antillais ce qui m'était arrivé, à moi comme femme, j'ai vu sans le comprendre, sans que ça passe par la tête [...] »[5]. Dans un autre entretien plus tardif, Jeanne Hyvrard renchérit sur le thème, en parlant de sa réaction à la réception critique du roman : « Je fus très étonnée quand on me dit que ce n'était pas un livre de sciences sociales, mais un roman et que le style n'en était pas inintéressant. A cette époque-là, je ne savais même pas ce que pouvait signifier le style... C'est vous dire si mon aveuglement fut et heureusement demeure profond... »[6].

Que cet « aveuglement » soit vraisemblable ou non, il ne demeure pas moins intéressant de voir comment Jeanne Hyvrard désigne sa « venue à l'écriture »[7] comme dictée par un lieu d'inspiration autre que sa pensée consciente, voire son savoir intellectuel. Elle semble tenir, du moins après coup, à affirmer la spontanéité et l'authenticité de son écriture dans des termes qui y suggèrent la part essentielle de l'inconscient. Dans un entretien avec Monique Saigal, elle formule le rapport qu'elle établit entre écriture et inconscient ainsi :

> Je pense que l'inspiration (ce n'est pas par hasard que j'écris le matin et je ne dois pas être la seule) prend racine dans l'inconscient, donc dans la nuit et dans le sommeil, dans tous ces

---

[5] E. Figueiredo, « Interview avec Jeanne Hyvrard réalisée à Paris le 20 juillet 1985 », *Conjonction*,169, avril-juin 1988, p. 119 et p. 125.

[6] J. Hyvrard, « Un entretien quelques moments avant la guerre », *Lendemains*, 61, 1991, p. 131.

[7] La locution est d'Hélène Cixous, de *La Venue à l'écriture*, Paris, Union générale d'éditions, 1977. Ce titre est repris très souvent pour parler des premiers écrits de femmes dont le début de carrière se situe aux alentours de la publication de Cixous. Je rapproche les stratégies de l'écriture hyvrardienne de celles d'autres féministes des années soixante-dix dans *The Feminist Avant-Garde Text in France and Québec : a study of contemporary fiction by Hélène Cixous, Nicole Brossard and Jeanne Hyvrard*, Thèse doctorale, Université de Princeton, 1994.

> processus où on retourne dans la matrice du monde, dans le pot commun [...] et on en émerge le matin. Oui, l'espace de l'écriture c'est entre la fusion du sommeil, des rêves, de l'inconscient commun et personnel et le monde ordonné, socialisé que va être la journée[8].

Même si l'on sait qu'il est impossible d'écrire à même l'inconscient, la vision que formule Jeanne Hyvrard de ses premiers écrits littéraires nous indique que son travail tente de s'en approcher, et que, chez elle, l'écriture est censée donner voix aux tendances et aux passions primordiales qui régissent l'être humain et son rapport au monde.

Comme les titres soulignés dans notre introduction le suggèrent, la mort est clairement une de ces forces majeures qui marquent la genèse de l'écriture de Jeanne Hyvrard. Qu'il s'agisse du meurtre réel d'un élève rencontré aux Antilles,[9] de ses propres fausses couches[10], ou de cette lutte meurtrière qui hante les rapports mère-fille qui sont au cœur des premiers romans et auxquels elle revient dans *La Jeune Morte en robe de dentelle*, Jeanne Hyvrard semble puiser son énergie créatrice dans une résistance constante au surgissement et aux effets de la mort. Si, comme Jennifer Waelti-Walters l'affirme dans son étude récente *Jeanne Hyvrard : Theorist of the Modern World*, « the oppression of the daughter by her mother is the emotional core of Hyvrard's work »[11], force nous est d'ajouter que c'est la mort qui occupe le centre thématique de l'œuvre, car l'enjeu mortel du rapport mère-fille mène souvent les narratrices hyvrardiennes à reconnaître

---

[8] M. Saigal, « Interview avec Jeanne Hyvrard », *Dalhousie French Studies*, 33, hiver 1995, p. 134.

[9] Il s'agit de Gérard Nouvet. Voir Figueiredo, *op. cit.* p. 123.

[10] M. Saigal, « L'appropriation du corps dans *Le Cercan* de Jeanne Hyvrard », *Atlantis* 16.2, 1990, p. 23. Saigal y révèle qu'Hyvrard s'est mise à écrire après plusieurs fausses couches.

[11] J. Waelti-Walters, *Jeanne Hyvrard : Theorist of the Modern World*, Edinburgh, Edinburgh University Press, 1996, p. 87.

d'autres menaces de mort, transformant ainsi le drame filial en un symbole de tous les rapports de pouvoir où les plus faibles risquent de se faire écraser ou anéantir par les plus forts. Même dans les textes où la dynamique mère-fille n'est pas une figure centrale, comme dans *Le Corps défunt de la comédie* ou *Canal de la Toussaint* par exemple, il y a toujours la mort ou au moins une menace de mort qui pèse sur l'individu qui essaie de comprendre sa situation de victime, d'exclu, de bouc-émissaire ou de mortel, tout simplement.

Parmi les critiques qui ont déjà remarqué et analysé les différentes menaces de mort présentes dans les textes de Jeanne Hyvrard, Waelti-Walters demeure celle qui y a réfléchi avec le plus de profondeur et qui y a apporté la perspective la plus cohérente et complète. Reprenant et complétant le travail publié dans ses études antérieures, son livre *Jeanne Hyvrard : Theorist of the Modern World* est à ce jour la seule monographie critique en anglais entièrement consacrée à l'oeuvre hyvrardienne[12]. Dans cette étude, il est clair que Waelti-Walters apprécie l'importance du thème de la mort, car on y voit au moins une vingtaine de références répertoriées dans son index. Qui plus est, elle semble aussi relier, du moins dans son introduction, l'expérience personnelle de la mort au projet d'écriture de l'auteur : « Hyvrard writes out from it [la mort] because her physical encounters with death have been too close for her to contemplate anything other than life »[13]. Selon Waelti-Walters, l'écriture de Jeanne Hyvrard constitue une affirmation de vie, de vitalité, face à la mort et aux

---

[12] J. Waelti-Walters a aussi collaboré avec M. Verthuy-Williams à la première monographie en français consacrée à Jeanne Hyvrard (*Jeanne Hyvrard*, Amsterdam, Rodopi, 1988). Plusieurs analyses dans la section de cette étude par Waelti-Walters sont traduites en anglais et reprises dans son nouvel ouvrage critique.

[13] J. Waelti-Walters, *Jeanne Hyvrard : Theorist of the Modern World*, *op. cit.*, p. 4.

menaces de mort qui ont affecté l'auteur dans sa vie personnelle. Jeanne Hyvrard elle-même encourage ce genre d'identification interprétative entre sa vie et son œuvre, avec des remarques dans ses entretiens du genre « I write to keep myself alive »[14], ou bien qu'elle n'a « pas de raison de mourir » quand il y a une publication en préparation et qu'elle sait que ses lecteurs l'attendent avec impatience[15].

L'écriture perçue uniquement comme expression de vie est une notion pourtant problématique regardée du point de vue de la théorie psychanalytique, approche critique que Jennifer Waelti-Walters ne mentionne que par quelques allusions à Freud et à la théorie de l'abjection de Julia Kristeva, malgré l'importance accordée par Jeanne Hyvrard elle-même au rôle de l'inconscient dans son processus de création, comme nous l'avons montré plus haut[16]. Dans l'introduction à son travail sur *La Pulsion de mort de Freud à Lacan*, Dominique Poissonnier expose l'incontournable
« intrication entre vie et mort » quand il constate que la mort :

> n'est pas seulement une limite ultime, mais un soubassement précédant la vie qui y retourne par ses moyens et chemins propres ; non pas une fin que l'on déplore ou désire, mais l'accomplissement d'une pulsion réalisant le retour à l'inanimé, au silence. La vie surgit et se déploie sur ce fond auquel elle retourne : elle porte à la mort et en porte la marque vivante. Les forces qui y mènent sont internes à la vie elle-même et s'exercent en chacun au-delà et à travers son existence individuelle. Tous les phénomènes vitaux

---

[14] A. Jardine et A. Menke, « Jeanne Hyvrard », *Shifting Scenes : Interviews on Women, Writing and Politics in Post-68 France*, New York, Columbia, 1991, p. 95.

[15] Entretien personnel avec Jeanne Hyvrard, le 11 juin 1998.

[16] Joëlle Cauville est la seule à avoir proposé une lecture cohérente de l'œuvre hyvrardienne à la lumière de la psychologie, en l'occurence les théories de Jung qu'elle intègre à la théorie féministe des archétypes. Voir son *Mythographie hyvrardienne : analyse des mythes et des symboles dans l'oeuvre de Jeanne Hyvrard*, Québec, Presses de l'Université Laval, 1996.

«découlent de l'action conjugée *et* antagoniste» des pulsions sexuelles et de la pulsion de mort[17].

Si la mort est le « soubassement » et le « fond » de toute vie, alors elle n'en est jamais absente, elle subsiste inévitablement cœur de tous nos actes « vitaux », dont l'écriture. Par ailleurs, Poissonnier nous rappelle que tout acte de langage exprimant une pensée conceptuelle est un processus où la pulsion de mort intervient, car « [d]ans la présence, le concept, c'est l'objet-là, mais dans l'absence, le concept, c'est l'objet maintenu dans sa durée et séparé de lui-même – pulsion de mort, meurtre de la Chose – et, par là, toujours disponible, à notre disposition »[18]. Selon la psychanalyse, « l'accès de l'enfant au maniement de ce langage qui lui préexiste, mais où il a à faire son entrée [...], et les fondements du jugement, ancrés dans le pulsionnel et articulés dans et par le langage » constituent « [d]eux moments essentiels de l'opération symbolique, fondatrice de l'humain »[19]. C'est ainsi que l'écriture, comme manifestation suprême d'une « opération symbolique » s'efforçant de rendre présent ce qui est absent, doit se comprendre non seulement comme simplement reliée à la pulsion de mort, mais comme dépendante cette dernière, puisque, selon la conclusion de Poissonnier, « la pulsion de mort [est] essentielle à toute possibilité de discours »[20]. Néanmoins, si « la pulsion de mort est directement liée à la parole et au registre symbolique dont elle porte la marque, » il est tout aussi vrai que « la parole est par excellence le recours humain contre la violence » parce que « par l'usage du langage, conflits et affrontements sont médiatisés »[21]. Chez Jeanne Hyvrard,

---

[17] D. Poissonnier, *op. cit.*, pp. 19-20. Dans ce passage, l'auteur cite « Le Moi et le Ça » de Freud, publié dans *Essais de psychanalyse* (Paris, Payot).
[18] D. Poissonnier, *op. cit.*, p. 56.
[19] *Ibid.*, p. 53.
[20] *Ibid.*, p. 79.
[21] *Ibid.*, pp. 246 et 247, respectivement.

où l'écriture sert si clairement à négocier des conflits fondamentaux par la symbolisation des forces de vie et de mort, il devient ainsi impossible de ne pas reconnaître que le geste de survie qu'est l'écriture « porte la marque vivante » de son contraire, la pulsion de mort, grâce à laquelle cette écriture prend forme et met en scène les désirs et les angoisses dont elle est née.

A cet égard, il faut reconnaître la justesse de ce que plusieurs critiques[22] ont déjà proposé et commenté, à savoir que le rapport mère-fille est un « nœud » d'émotions contradictoires dans l'œuvre hyvrardienne. Comme Joëlle Cauville l'affirme dans sa discussion de l'archétype de la mère, le projet de Jeanne Hyvrard semble parfois être « de tisser, par le biais de l'écriture, des liens avec le maternel, [...] parce que là se trouve le nœud de sa quête existentielle : l'angoissant déchirement entre son attirance vers la mort (folie, suicide, cancer) et l'immense amour de la vie dont témoigne son œuvre »[23]. Dans l'entretien que Jeanne Hyvrard inclut dans la dernière partie de *Le Cercan*, l'auteur suggère qu'elle sait d'expérience les séquelles importantes que les conflits dans les rapports mère-fille peuvent avoir sur la psyché de la fille. Au cours de cette conversation avec sa propre mère qui semble d'ailleurs refuser tout discours le moindrement analytique, Jeanne Hyvrard essaie de faire comprendre à sa mère que son cancer était l'expression corporelle des troubles au cœur des rapports entre toutes les générations de femmes dans sa famille. Elle finit même par lui dire que : « toute ma vie a été employée finalement à cet effort de trouver une issue à ce malheur de mère en fille, que j'y ai réussi par la littérature plus ou moins et que la difficulté qu'on a de

---

[22] Voir, en plus du livre de Waelti-Walters, les articles de Monique Saigal, « L'Appropriation du corps dans *Le Cercan* de Jeanne Hyvrard », *op. cit.*, et « Le Cannibalisme maternel : l'abjection chez Jeanne Hyvrard et Kristeva », *French Review*, 66.3, 1993, pp. 412-419.
[23] J. Cauville, *op. cit.*, p. 52.

communiquer, c'est que moi j'ai essayé de régler le problème une fois pour toutes en disant : je prends sur moi ton malheur, celui de ta mère, celui de ta grand-mère [...] »[24]. Sans vouloir donner une foi excessive à de telles remarques, avançons seulement que le rapport conflictuel entre mère et fille que Jeanne Hyvrard explore par la voie de la littérature offre aussi une illustration saillante de l'intrication des pulsions de vie et de mort que propose la théorie psychanalytique, et constitue une des « contrairations » importantes à l'œuvre dans la cosmogonie hyvrardienne.

Le « malheur de mère en fille » dont parle Hyvrard dans *Le Cercan* hante les trois premiers romans de l'auteur, ainsi que *La Jeune Morte en robe de dentelle* publié en 1990. Les narratrices de ces textes sont toutes tiraillées entre le désir de se rapprocher de la mère bien-aimée, de se réunir avec elle physiquement même, et le besoin de s'en distancier, de se révolter contre l'ordre que la mère représente et qui empêche la fille de trouver sa propre voix, son individualité. Comme Waelti-Walters le résume si bien dans son chapitre consacré aux « Modes of Psychological Oppression », pour Jeanne Hyvrard « Mother is the source of all that is negative and positive. She forces her daughter to submit to her control. She shapes, clothes, ignores and silences her. She is the ultimate threat. She is also the giver of life, the ultimate haven, the womb Jeanne wants to go back to. The struggle is between rule and experience, rationality and a holistic mode of thought labelled *madness* »[25], une folie que les narratrices hyvrardiennes finissent par valoriser pour mieux s'affirmer face à tout ce qui les condamnerait, parfois très littéralement, à mort.

C'est ainsi que les tentatives de meurtre et les envies meurtrières chez les mères dépeintes dans des romans comme *Mère*

---

[24] J. Hyvrard, *Le Cercan*, Paris, des femmes, 1987, p. 223.
[25] J. Waelti-Walters, *Jeanne Hyvrard : Theorist of the Modern World*, *op. cit.*, p. 86.

la mort et *La Meurtritude*, pour ne nommer que deux, se transforment en autant de « morts » symboliques de l'oppression ressentie par la femme qui est aussi très souvent la narratrice de l'histoire. Si d'un côté la mère est source de vie, et la narratrice réaffirme ce cycle vital en enfantant à son tour, de l'autre, la menace de la mort, et tous ses avatars, demeure constante :

> Marriage is death, femininity is death. Madness is also death and the psychiatric hospital is the 'city of the dead'. Death is also slavery ; being under someone else's control, vulnerable to violence and torture, be it by electric shock treatment, rape, whipping or by garments that prevent action, and education that impedes thought. Jeanne [la narratrice qui porte le nom de l'auteur] is socially dead because she refuses to be acceptable, but those who play the game are dead too – dolls playing at being alive[26].

Autrement dit, la mort est partout, et même les vivants peuvent se révéler être « morts » s'ils se sont laissés endoctriner, voire anéantir, par les forces qui interdisent la différence et la pensée indépendante, libre des carcans de l'idéologie dominante et même des contraintes qu'impose la grammaire. Comme Waelti-Walters le constate, et ce n'est guère une exagération, dans les conflits au cœur des textes hyvrardiens, « all forms of oppression are first and foremost threats to survival ; their ultimate result is extinction for those oppressed »[27]. Par ailleurs, c'est par de tels rapprochements d'enjeux que les textes hyvrardiens effectuent leur glissement caractéristique entre les voix narratives différentes qui se relaient parfois si subtilement qu'on a du mal à les distinguer : la fille qui étouffe dans le ventre de la mère est aussi celle qui ne veut pas s'en accoucher parce qu'elle ne veut pas que sa fille souffre comme elle, ni comme tous les autres colonisés, violés, exilés, interdits, cancéreux, ou exclus du monde moderne qui

---

[26] *Ibid.*, p. 85.
[27] *Ibid.*, p. 8.

deviennent autant de voix de protestation dans l'univers romanesque de l'auteur[28]. C'est par la lutte de survie donc que l'auteur rapproche ses personnages principaux, qui tous, d'une manière ou d'une autre, s'efforcent de comprendre et de se révolter contre un système qui les exclut ou les écrase.

Dans ce « cannibalisme », pour reprendre le terme de Monique Saigal, qui caractérise les jeux de pouvoir gouvernant les rapports entre les forts et les faibles, quelle sortie peut-on envisager, quelle stratégie d'autodéfense faut-il adopter ? La réponse que Jeanne Hyvrard semble privilégier est celle de l'écriture, pour sa propre survie, comme on l'a vu dans ses entretiens, ainsi que pour celle de ses narratrices, dont la révolte suscite le plus souvent un désir d'écrire pour témoigner de leur malheur (et ainsi faire signe de vie) et pour se trouver elles-mêmes. Malgré l'espoir qu'offre cette stratégie, nous constatons aussi que l'écriture se lie intimement à la mort pour Jeanne Hyvrard dès le début de sa carrière, car vers le dénouement de son premier roman *Les Prunes de Cythère*, sa narratrice affirme qu'elle doit « [é]crire pour guérir. Ecrire pour réconcilier deux mondes. Pour témoigner du corps-à-corps [...]. Pour réunir [s]es deux mondes séparés, effilochés, emmurés. Pour achever de naître à [s]oi-même. Accepter de mourir pour pouvoir enfin vivre »[29]. L'écriture présente ici une contrairation fondamentale, parce qu'elle constitue à la fois une conquête d'identité, une naissance à soi-même qui est une affirmation de vie, et une expression de notre mortalité, des limites de l'essence identitaire qu'on circonscrit précisément avec le langage, véhicule d'ordre et symbolique basé sur l'absence et le « meurtre de la Chose », selon la formule de Poissonnier. Ce dernier décrit ce double mouvement, cristallisé chez

---

[28] Voir mon analyse de ces glissements identificatoires dans M. Santoro, *op. cit.*, pp. 193-96, 211 et 220-21.

[29] J. Hyvrard, *Les Prunes de Cythère*, Paris, Minuit, 1975, p. 200.

Jeanne Hyvrard par le recours à l'écriture, comme « le paradoxe humain », car, ajoute-t-il, le « passage [...] à un ordre signifiant proprement humain, assure à l'être parlant une perte vitale et l'esquisse de sa mort, tandis que sa dépendance à l'égard de la parole lui ouvre une place dans l'histoire et une perspective de survie »[30]. Écrire, c'est donc admettre autant que résister à la mort, c'est reconnaître qu'on ne trouve jamais « la pièce qui manque »[31], qu'on ne comblera jamais l'absence présente et celle à venir, le moment où la voix qui donne voix à l'âme ne pourra plus s'articuler. La seule « perspective de survie » est alors le texte qui persiste et perdure, comme une pierre tombale marquant le lieu de la voix morte.

Dans ses premiers livres, pourtant, ce n'est pas uniquement cette conception fataliste qui semble dominer la pensée de Jeanne Hyvrard, car ses narratrices insistent plutôt sur la valeur de l'écriture comme forme de protestation, comme outil de compréhension du monde, et comme moyen d'affirmation identitaire précisément parce que l'écriture permet l'expression d'une altérité malgré tous les efforts de normalisation de la part des représentants du pouvoir, comme la mère, les professeurs, les médecins ou les psychiatres. Cependant, il est clair que sans la menace implicite sinon explicite de ces mêmes individus qui condamnent les personnages hyvrardiens à l'exclusion ou à la mort en préconisant un ordre qui leur est inacceptable, il n'y aurait pas de raison de résister, pas de raison d'écrire. La narratrice de *Mère la mort*, par exemple, se révolte contre ceux qui l'oppriment, disant :

> Ils disent que je suis folle et ils croient que je ne les entends pas. Ils se servent du langage pour mentir et de l'orthographe pour nous

---

[30] D. Poissonnier, *op. cit.*, p. 246.

[31] J. Hyvrard, *Mère la mort*, Paris, Minuit, 1976, p. 43 *et passim*.

> soumettre. Ils ont tué les mots et ils disent que je suis malade parce que je m'en souviens. Ils ont choisi les formes qui nous déportent et ils disent que nous ne savons pas parler. [...] l'infirmière ne veut pas m'aider. [...] Elle dit qu'il faut que je me repose si je veux guérir. J'en mourrai. Je lui ai dit que je n'étais pas malade[32].

Face à ceux qui affirment sa folie, la narratrice doit tout de même avouer le paradoxe de cette langue imparfaite qu'elle doit apprendre à utiliser si elle veut articuler sa différence et son rejet de leur jugement. Son dilemme, c'est :

> Comment parler aux autres sans parler comme eux ? [...] Mais non une telle force. Dans sa jambe. Elle tire si fort que la corde casse. Le fil des mots se distord. La syntaxe éclate. Les pronoms disparaissent. Sauf celui pour me dissoudre dans le monde. Sauf celui pour converser avec toi. Sauf celui qu'ils ont oublié. Ils veulent m'apprendre la grammaire, mais ils ne savent pas que je ne tutoie que mes amours[33].

La sortie envisagée dans cette situation où la narratrice se sent menacée demeure tout de même celle de l'art, voie et voix choisies par cette femme qui survit « contre toute attente » et déclare : « Les forces intérieures les plus fortes. L'affirmation de l'imaginaire. L'art. La tentative désespérée de témoigner de l'amour conjoint du réel et de l'imaginaire. La création d'un monde. L'affirmation de la différence. La seule tentative de lever le malentendu »[34]. Si l'art, ou plus spécifiquement ici l'écriture, lui offre une forme de salut, cette narratrice ne se fait tout de même pas d'illusions sur la langue qui lui y donne accès. Elle constate enfin que :

> l'écriture n'est pas un art. A cause du langage. Si je parviens à le faire éclater. Ils ne pourront plus rien sur moi. Ils me laisseront partir. Mais je ne pourrai pas. [...] Ils me battent pour me forcer à

---

[32] *Ibid.*, pp. 54-55.
[33] *Ibid.*, p. 26.
[34] *Ibid.*, p. 73.

> écrire. Ils me battent jusqu'à ce que je me mette à écrire. Si je trouve, ils me laisseront partir. Si j'invente un autre langage, je leur échappe tout à fait. Mais il n'y en a pas d'autre. Elle est notre langue commune. Je n'en connais pas d'autres. [...] Je n'ai pas trouvé le verbe qui veut dire vivre et mourir et qui n'existe qu'à l'infinitif[35].

Ainsi voit-on clairement l'intrication des pulsions de vie et de mort, soit au niveau thématique où la mort constitue la menace à laquelle il faut résister en s'affirmant comme être revendiquant sa différence et sa vitalité, soit au niveau de l'écriture elle-même, dont la pratique est à la fois une accession à l'ordre symbolique meurtrier, et un échappatoire qui offre au moins la promesse de pouvoir contourner ce même ordre, basé sur une exclusion et une économie de séparation qu'Hyvrard rejette.

Si les narratrices des premiers textes hyvrardiens n'arrêtent jamais de chercher dans l'écriture une « langue où les mots signifient aussi leur contraire »[36], Jeanne Hyvrard elle-même semble en avoir formulé sa propre variante dans son dictionnaire philosophique, *La Pensée corps*. Même si je ne peux pas partager l'opinion des critiques qui voient dans cet ouvrage un bouleversement des traditions associées au genre du dictionnaire des idées[37], ce texte est sans aucun doute la présentation la plus cohérente de la vision « autre » du monde et de la langue que Jeanne Hyvrard essaie de développer dans ses œuvres de fiction. La plupart des 326 articles, organisés par ordre alphabétique et offrant un réseau de renvois vertigineux, semblent être des définitions (parfois innovatrices, parfois non) ou des méditations sur des mots qui existent déjà. A peu près un dixième des mots dans la « nomenclature », comme Jeanne Hyvrard l'appelle, sont vraiment

---

[35] *Ibid.*, pp. 74-75.
[36] *Ibid.*, p. 59.
[37] Voir, par exemple, J. Waelti-Walters, *op. cit.*, pp. 14 et 31-35.

des néologismes, mais encore faut-il ajouter que l'auteur invente ces mots selon les règles et les possibilités inhérentes de la langue française. Comme Jeanne Hyvrard l'affirme de façon répétée dans un des ses entretiens avec Monique Saigal :

> Si je peux [...] produire ces inventions littéraires, c'est parce que le français en est porteur. [...] Si vous le comprenez, c'est que vous connaissez suffisamment bien le français pour voir à quoi ça renvoie. Donc, en quelque sorte, ce n'est pas une invention. [...] Moi, j'ai simplement le sentiment [...] que je suis une trapéziste ou une équilibriste ou une jongleuse de la langue française, mais comme le corps permet tous ces exercices physiques, la grammaire française le permet aussi. [...] Donc, disons que je parle un français ultra-contemporain mais qui n'est pas plus une invention littéraire que la langue de bois qu'on entend en ce moment à la radio et à la télévision[38].

Ce qui est intéressant pour notre propos ici, c'est qu'à l'intérieur même des articles qui sont censés incarner le projet de Jeanne Hyvrard de nous faire voir le monde autrement, de nous faire comprendre et accepter tout ce que la logique traditionnelle rejette et exclut, Jeanne Hyvrard montre une compréhension aiguë de l'échec inévitable de cette initiative. Dans son effort d'insuffler la vie à cette « langue de bois », elle perçoit elle-même la mort à l'œuvre. Son effort de systématiser sa pensée ne fait que figer ce qu'elle aurait voulu ouvert, souple, vivifiant. Comme elle écrit pour sa définition de la « cristallisation » : « J'avais beau encepter la chaïque, la logonomie et tout son *formatage*, quelque chose m'échappait encore, rendant à soi seul le livre inutile. Je le voyais émerger pourtant, mais je ne pouvais y croire. Les cristaux se solidifiaient autour des *pôles* de refroidissement. Le *filet* séchait en une nouvelle *grille* »[39]. Hyvrard voit ainsi qu'elle ne fait que reproduire le même geste rationnel « meurtrier » contre lequel ses

[38] M. Saigal, « Interview avec Jeanne Hyvrard », *op. cit.*, pp. 131-32.
[39] J. Hyvrard, *La Pensée corps*, *op. cit.*, p. 52.

textes littéraires s'insurgent. Dans l'article qu'elle consacre au « grand-œuvre » qu'elle espérait produire, elle montre ainsi sa frustration devant l'impossibilité de réaliser son rêve :

> Le livre n'est pas la pensée du corps, mais leur jonction. Le passage entre la langue académique et la *poésie*. [...] Entre les deux, l'inspiration, la création, l'alliance de l'enception et de la conception.
>
> L'objet du livre ne peut pas être l'abstraction. Il l'est pourtant. Il est en lui-même la contradiction. La *contrairation*. [...] Comment ai-je pu espérer un seul moment échapper à la contrairation, la faire contradiction, cette perpétuelle gestation de la nomenclature ? A refaire ! te dis-je comme le livre prend forme, m'échappant déjà parce qu'il se clôt de l'intérieur. [...] L'établissement de la forme, l'échec. La parole pourtant. [...] Chaque fois que sourd l'écriture, elle échoue à dire le commencement. [...] L'imperfection. [...] Comment pouvais-je croire un seul instant, écrivant, échapper à l'écriture ? Et pourtant, sans écriture, comment tenter le grand-œuvre, l'abstraction[40] ?

Ce que Jeanne Hyvrard semble avoir compris en écrivant ce texte théorique, c'est que le travail analytique comporte toujours un élément destructeur malgré toute intention créatrice, tout comme la langue (ou l'écriture) n'arrive pas à effacer l'absence de ce qu'elle s'efforce de rendre présent. L'écriture, en tant qu'effort de comprendre et de traduire cette compréhension des vérités humaines, n'échappe pas pour autant à la pulsion de mort, explique le psychanalyste Poissonnier :

> Toute recherche scientifique [...] : la décomposition, l'analyse objective, l'emprise sur les objets concrets ou sur les mécanismes de fonctionnement, la manipulation, la visée d'étude et de compréhension, [...] toutes les recherches comportent une part de pulsion de mort, tendance à la déconstruction et à la séparation. Les techniques à visée de recomposition, d'invention ou de

[40] *Ibid.*, pp. 101-102.

> création, ont une face réparatrice étayée sur le travail théorique de compréhension déconstructive[41].

L'écriture porte donc à la fois les traces de la pulsion de mort et de la pulsion de vie, forces inextricables et simultanées. Hyvrard voudrait, pourtant, n'être que du côté de la vie, ce qui explique peut-être la raison pour laquelle, dans *La Pensée corps*, sous le mot « mort » il n'y a pas de définition, pas de renvois. Comme Waelti-Walters le constate, cet article « vide » dont la définition est absente est unique, « it stands alone, an end, the place where the network stops »[42]. Pourtant, comme nous avons vu dans l'analyse des textes hyvrardiens antérieurs, il n'y manque pas de figurations de la mort ou de menaces de mort. Ainsi, l'omission d'une réflexion à l'article de la mort dans *La Pensée corps* semble surtout exprimer le désir chez Jeanne Hyvrard de se tourner vers la vie, « choosing a culture of life over a culture of death »[43]. Comme Jeanne Hyvrard l'écrit dans un article pertinent consacré précisément à « objection de culture » : « Je ne veux pas la séparation »[44], cette séparation qui est, comme nous avons vu, le produit de la pulsion de mort, et qu'il faut toujours intégrer, selon la psychanalyse, pour accéder au langage et ainsi à l'écriture.

La réalisation de ce paradoxe – réalisation que la réflexion philosophique profonde inscrite dans *La Pensée corps* semble avoir permise à l'auteur –, a une portée certaine dans les œuvres plus récentes de Jeanne Hyvrard, telles *Au Présage de la mienne* (1997) et « Le marchoir », texte qui compose la majeure partie de sa dernière publication, *Minotaure en habit d'arlequin* (1998). Dans ces ouvrages, tous deux écrits à la manière d'un journal intime avec

---

[41] D. Poissonnier, *op. cit.*, p. 85.

[42] J. Waelti-Walters, *op. cit.*, p. 31.

[43] G. Orenstein, « Creation and Healing : An Empowering Relationship for Women Artists », *Women's Studies International Forum*, 8.5, 1985, p. 441.

[44] J. Hyvrard, *op. cit.*, p. 158.

des remarques quotidiennes s'étalant sur une année, de janvier à décembre, Jeanne Hyvrard inscrit beaucoup plus ouvertement les enjeux et les forces qui inspirent son écriture. En fait, dans *Au Présage de la mienne*, l'auteur semble presque vouloir combler la lacune créée par son refus d'écrire sur la mort dans *La Pensée corps*, car chaque jour, à une exception près, le texte quotidien commence par « la mort aujourd'hui, c'est [...] »[45]. Evidemment, il ne s'agit pas toujours d'une mort littérale, bien qu'on puisse y lire le deuil d'un beau-père, d'une chatte bien-aimée, ou bien des victimes de conflits en Bosnie-Herzégovine, en Algérie ou au Rwanda. Ces morts, qui représentent autant de tristesses pour la narratrice dont la voix pourrait très bien être celle de l'auteur, sont presque moins perturbantes, parce que moins fréquentes, que le type de perte quotidienne insensée telles que l'écrasement accidentel d'un individu par une 4X4, qualifié comme « le paradigme de l'époque »[46]. En plus des morts réelles, la narratrice dresse ainsi une liste au jour le jour d'événements ou de phénomènes perçus comme des « morts » et qui montrent les tendances déshumanisantes et démoralisantes à l'œuvre dans le monde contemporain. Elle dénonce les publicités qui offrent des images dégradantes des femmes, la sclérose du système d'éducation en France, le racisme chez les gens dits éduqués, les émeutes et les grèves qui produisent des comportements farouches chez les élèves et les professeurs, la prolifération des mendiants à Paris, la pollution, l'indifférence et la résignation généralisées, l'homogénéité des produits et leurs prix, et ainsi de suite. Il faut tout de même ajouter que toutes ses observations ne sont pas du même ordre de gravité, et que parfois la « mort » dont il est question frôle le comique, comme dans l'entrée du « dimanche 8

---

[45] J. Hyvrard, *Au Présage de la mienne*, Québec, Le Loup de Gouttière, 1997.
[46] *Ibid.*, p. 17.

mai » où on lit : « La mort aujourd'hui, c'est en voiture un va-et-vient fou à la recherche d'un sac qui est dans le coffre. Peut-on écrire dans cette phrase *mon* sac »[47] ?

Dans *Au Présage de la mienne*, la mort dans toutes ses manifestations est posée non seulement comme un motif de l'écriture, mais comme sa raison d'être. Chaque jour où on reconnaît par et dans l'écriture une mort à l'œuvre représente aussi une occasion de résister à cette force destructrice, en dépit du fait qu'il n'y a « [p]as d'écriture sans rupture. Pas de littérature sans domination »[48]. Les journées de plus grande désespérance sont alors celles où même l'écriture semble être au-dessus des forces de la narratrice. A titre d'exemple, nous pourrions citer l'article du 28 mai, qui affirme que « [l]a mort aujourd'hui, c'est pour alléger le fardeau quotidien, la tentation de cesser d'écrire », ou bien celui du 29 octobre, qui dit : « La mort aujourd'hui, c'est la résignation. Il me semble pourtant que c'était déjà fait. Et pourtant non, sinon l'écriture aurait déjà cessé »[49]. Ces deux passages représentatifs nous montrent que, pour autant que cette litanie de « morts » quotidiennes semble pénible à enregistrer, ne pas les écrire représente une mort encore pire, car cesser d'écrire serait accepter d'être indifférent, de renoncer à la stratégie de résistance vitale qui permet à celle qui écrit de poursuivre sa « quête de transmission, de transposition, de translation »[50]. L'écriture, donnant voix à la mort et produit par la pulsion de mort, est tout de même une forme de résistance aux menaces de mort, parce que chaque jour où on écrit est aussi un geste qui affirme la vie, et la vitalité de la protestation continue qu'on peut ainsi partager avec d'autres.

---

[47] *Ibid.*, p. 38.
[48] *Ibid.*, p. 39.
[49] *Ibid.*, p. 42 et p. 75, respectivement.
[50] *Ibid.*, p. 85.

Dans « Le marchoir », le principe est précisément le même, sauf que dans chaque article, la narratrice détaille ses périples à pied dans la ville de Paris – qu'elle appelle ses « marchoirs » et non pas promenades – ou l'impossibilité de les effectuer. Marcher, ici, remplit exactement la même fonction qu'écrire dans *Au Présage de la mienne*. C'est une façon de se « laver de la mort accumulée dans le travail » ainsi qu'une forme de résistance généralisée réelle et symbolique, comme l'article du « 31 janvier 1989 » nous l'indique : « Quelque chose de fou dans cette obstination à marcher contre vents et marées. Contre la maladie, contre la paralysie, contre le cancer, des métaphores d'une situation sociale de plus en plus insupportable, qu'il faut supporter pourtant puisqu'elle aura une fin ! Ne pas céder. Marcher pour ne pas céder »[51]. Par ailleurs, l'auteur elle-même établit le parallèle entre marcher et écrire, quand elle affirme « l'absolue nécessité de faire rejoindre ces deux perfections : celle du mouvement et celle de la suspension », ajoutant qu'« [i]l y [a] dans l'alliance de la marche et de l'écriture quelque chose qui surpass[e] l'architecture de la pierre et du bois, de même nature pourtant : la pensée en mouvement, l'architecture du vivant »[52]. Marcher, comme écrire, a une valeur thérapeutique, aidant l'individu à « retrouver le désir d'être »[53] et à réaffirmer sa vitalité, voire sa vie au quotidien. C'est précisément ce que Joëlle Cauville signale, encore que ce soit d'un point de vue jungien qui lui est particulier, quand elle constate que, chez Jeanne Hyvrard, le « travail littéraire constitue une forme de thérapie qui lui permet de faire face au suicide, au cancer, à la mort »[54].

Ainsi, nous voyons que ces deux textes récents confirment et élaborent le thème de la mort qui s'annonce comme central à

---

[51] J. Hyvrard, *Minotaure en habit d'arlequin*, Paris, L'Harmattan, 1998, p. 48.
[52] *Ibid.*, p. 41.
[53] *Ibid.*, p. 43.
[54] J. Cauville, *op. cit.*, p. 143.

l'œuvre hyvrardienne depuis ses débuts. Si *La Pensée corps* représente, comme nous l'avons suggéré, un moment de clarté philosophique qui mène à une articulation plus explicite du rôle que joue la mort dans le désir et la nécessité d'écrire que Jeanne Hyvrard semble éprouver, il n'est pas moins vrai que ce thème se voit dans tous les textes, d'une façon ou d'une autre, à cause de la nature même de l'entreprise scripturale qui affirme la mort tout en y résistant. *Au Présage de la mienne* et « Le marchoir » ne font que confirmer l'enjeu et la promesse de l'écriture de Jeanne Hyvrard, qui mène ses lecteurs, avec chacun de ses textes, sur ce « voyage à travers tout ce qui ne veut pas mourir »[55]. L'écriture qu'elle y déploie puise son énergie et son élan dans son rapport étroit à la mort, tout en nous permettant d'espérer sinon atteindre « [c]et état de grâce, d'ouverture, où quelque chose de bon peut encore venir du monde, même dans cette débâcle de l'esprit, cette outre-cassure dont on ne sait pas encore le nom »[56], mais qui hante cette fin de siècle, et sa (post)modernité.

---

[55] J. Hyvrard, « Passage de mort force 8 sur l'échelle de la nuit », *Des femmes en mouvements hebdo* 7-8 (21 décembre 1979 – 4 janvier 1980) p. 29.

[56] J. Hyvrard, *Minotaure en habit d'arlequin*, *op. cit.*, p. 103.

Jeanne Hyvrard, vingt ans après

par Marie Miguet-Ollagnier

Abstract : Jeanne Hyvrard was thrice prose-writer in 1997. Her tale, *Au Présage de la mienne*, looks like a diary. During 1994, day after day, she relates all the signs that foretell death : in politics, in her family, her friends, her business, in herself. But two short texts inserted in collective books (*Mythes et réécriture* and *Religiologiques*) say reasons of hoping and have a mythic language. The first is a short autobiography, the second is a philosophical message.

Jeanne Hyvrard est entrée brillamment dans l'écriture il y a un peu plus de vingt ans. Elle a franchi alors la porte étroite des Editions de Minuit par la publication d'une trilogie romanesque : *Les Prunes de Cythère* (1975), *Mère la Mort* (1976), *La Meurtritude* (1977). Le troisième volet de la trilogie a été accompagné d'un poème narratif, *Les Doigts du figuier* comportant la mention générique « Parole » qui a paru avec le même « achevé d'imprimer » que *La Meurtritude*. Elle a rapidement l'honneur (?) des manuels scolaires destinés à lui assurer un lectorat plus large que celui des Editions de Minuit. Les auteurs de *La Littérature en France depuis 1968* lui ont fait une place[1]. Sont venus très tôt les articles journalistiques et universitaires, les mémoires de maîtrise, les thèses qui ont accompagné et commenté cette parole féminine ininterrompue.

Nous voudrions voir ce qu'est devenue cette écriture vingt ans après en regardant trois textes en prose édités en 1997 : un récit, son treizième livre, *Au Présage de la mienne*[2], et deux brèves participations à des ouvrages collectifs préparés par des universitaires enseignant au Canada. Elle a écrit pour le numéro 15

[1] B. Vercier et J. Lecarme avec la participation de J. Bersani, *La Littérature en France depuis 1968*, Paris, Bordas, 1982, pp. 245-247.
[2] J. Hyvrard, *Au Présage de la mienne*, Québec, Le Loup de Gouttière, 1997.

de *Religiologiques*, consacré à Orphée et Eurydice, des pages intitulées « A bord d'Orphée dans le regret de l'Eurydice » ; le livre *Réécriture des mythes : l'utopie au féminin* publié à Amsterdam aux éditions Rodopi sous la direction de Joëlle Cauville[3] et de Metka Zupancic, commence par une autobiographie mythique de douze pages : « A bord des mythes dans le vaisseau de l'écriture ». Ces trois textes ne sont pas les seuls qu'elle ait fait paraître en 1997 ; il y a aussi des poèmes : *Resserres à louer*[4] et *Poèmes de la petite France*[5]. Mais les textes en prose nous mettent mieux à même d'apprécier, en même temps qu'une écriture, le dernier état d'une recherche philosophique qu'elle poursuit depuis vingt ans comme le précise la notice émanant du paratexte éditorial d'*Au Présage de la mienne*.

En outre, le récit signé Jeanne Hyvrard et les autres textes insérés dans des ouvrages collectifs vont nous permettre de mettre en lumière un clivage d'écriture et d'observer les deux volets antithétiques d'une pensée qui a choisi ces derniers temps de se dédoubler, de dire la mort dans le récit et d'ouvrir les voies d'une résurrection – personnelle et mondiale – dans des paroles plus brèves adoptant le déguisement du mythe et suggérant l'idée d'un départ (« A bord ») : celles qui s'inscrivent dans les publications d'un groupe.

I. Au Présage de la mienne : écrire la mort.

« Car qui peut sans mourir dévisager sa mort ? »[6]

---

[3] Joëlle Cauville est l'auteur d'une thèse sur Jeanne Hyvrard : *Mythographie hyvrardienne*, Québec, Presses Universitaires de Laval, 1996.
[4] J. Hyvrard, *Resserres à louer*, Brest, An Amzer, 1997.
[5] J. Hyvrard, *Poèmes de la petite France*, Noeux-les-Mines, Ecbolade, 1997.
[6] J. Hyvrard, *Au Présage de la mienne*, *op. cit.*, p. 72.

1° - Leçons du paratexte : aujourd'hui et hier.

Jeanne Hyvrard a souhaité que ce livre fût publié dans la collection « Mots et images » de la maison d'éditions Le Loup de Gouttière et fût accompagné de *Paysages* de Christine Boutet ainsi que d'une photographie d'elle-même. Sept « paysages », reproductions d'encre noire sur papier, ponctuent le texte d'*Au Présage de la mienne*. Ce chiffre 7 ferait-il allusion à l'Apocalypse de Jean ? Il s'accorde en tout cas avec une parole citée à la date du vendredi 7 octobre : « Ne dévastez pas la terre de l'Ange avant que ... ». Une introduction éditoriale nous apprend que Christine Boutet pratique habituellement la peinture japonaise et aime jouer avec les couleurs. C'est donc sur la demande de l'écrivain qu'elle a changé sa manière et qu'elle s'est limitée au noir et blanc, signe de deuil. Mi-abstraites, ces peintures représentent des espaces traversés par des ouragans. Des formes déchiquetées sillonnent l'horizon. Dans « Paysage IV » on croit reconnaître la carcasse d'un immeuble effondré.

La photographie placée au début du texte sur la page de gauche avec la légende « Jeanne Hyvrard à Paris » est un élément de pacte autobiographique. On voit une femme un peu hagarde, longs cheveux dénoués, s'accrochant à une grille ouvragée bicolore, style art déco – on y retrouve le noir et le blanc de Christine Boutet – ; sans l'appui de cette grille, semble-t-il, elle ne pourrait pas se tenir debout. Elle regarde au-delà avec angoisse, manifestant à la fois le désir et la crainte de voir ce qui est de l'autre côté de la clôture : de la ville ? de la vie ? Sur la page de droite où nous lisons la date du vendredi 31 décembre se rencontre la première occurrence du refrain qui sera répété dans le récit à 366 reprises :
« La mort aujourd'hui, c'est ». Cette page de droite paraît la légende plus détaillée de la photographie : « bien que je n'aie rien à

faire à la maison, l'impossibilité de rester en ville. Une main de fer encercle mon cou ». Les volutes de la grille qui est sur la photo semblent la main de fer enserrant la femme dans un carcan. Avec le verbe *encercler* est peut-être rappelé le titre du dixième livre que mentionne la liste des ouvrages « Du même auteur » : *Le Cercan*[7]. Jeanne Hyvrard atteste que c'est bien elle cette femme qui ne peut demeurer en repos et qui, prisonnière de la ville, cherche à en sortir.

Le titre *Au Présage de la mienne* doit s'entendre ainsi : le texte va raconter tout ce qui, chez Jeanne Hyvrard, chez ses proches, dans son milieu professionnel, dans l'environnement de la capitale qui est habituellement le sien (« Jeanne Hyvrard à Paris »), dans la campagne où elle se réfugie, et enfin dans le monde, anticipe sa propre mort. Ce qu'annonçaient la photographie et la note en date du 31 décembre est repris dans la quatrième de couverture :

> Jour après jour, événement après événement, le quotidien se délite. *Au Présage de la mienne*, trace le récit des morts successives, petites et grandes, attachées l'une à l'autre (...).

Lors de sa trilogie romanesque publiée aux Editions de Minuit, Jeanne Hyvrard avait signé ce que j'ai appelé un « pacte d'aliénation »[8]. Elle avait raconté l'histoire d'une Jeanne « enfollée », révoltée contre les Blancs, évoluant dans un paysage antillais au milieu de bananeraies et de champs de cannes, déplorant la mutilation de ses mains, contemplant sa « peau noire sur [son] ventre distendu »[9]. Elle n'avait jamais alors fourni de photographie

---

[7] J. Hyvrard, *Le Cercan*, Paris, Des femmes, 1987. Ce titre signifie en verlan : le cancer. Vingt malades témoignent ; seize sont des femmes.

[8] M. Miguet, « Un pacte d'aliénation », *Cahiers de Recherches sur l'Imaginaire. Université d'Angers*, 18, 1988, pp. 175-186.

[9] J. Hyvrard, *Les Prunes de Cythère*, *op. cit.*, p. 139.

d'elle-même, détestant « leur caractère réducteur et mensonger ».[10] Aussi quelques critiques universitaires avaient-ils imprudemment commenté ces textes en assimilant le *je* des premiers romans à celui de l'auteur et avaient-ils jugé que cette écriture était « typiquement représentative de la littérature antillaise ». Avec humour l'auteur avait alors souscrit à la réputation usurpée d'antillaise et avait accepté qu'une rumeur la disant autre qu'elle n'était, appartenant à d'autres, – à la négritude, à la folie – eût sa part de vérité :

> Il n'y a pas eu de démenti non par tromperie, mais parce que l'apparition de cette légende montrait de cette façon éclatante, l'absurdité de la notion d'identité. Cette démonstration par 'le vécu' s'avérait à mes yeux plus efficace que tous les écrits théoriques. C'était la preuve de mon engagement dans l'écriture puisqu'on confondait le texte et la personne. (...) En me disant antillaise, la rumeur publique ne s'est pas trompée, elle a seulement inauguré une nouvelle nomenclature qu'il reste à décoder.
> Aujourd'hui antillais veut dire transnational[11].

Jeanne Hyvrard avait été heureuse que la seconde génération d'immigrés, « les Antillais installés dans l'Hexagone »[12] se fussent reconnus dans ses livres. Mais vingt ans après, elle n'accepte plus que *je* soit un *autre*. *La mienne*, c'est la mort de Jeanne Hyvrard à Paris pendant l'année 1994. Une mort qui se dit au jour le jour dans l'imitation d'une écriture diariste dépourvue de millésime mais qui, précisant le jour de la semaine et l'ordre dans le mois suit bien en fait l'année 1994. Faisant allusion à des événements qui sont encore dans toutes les mémoires (la prise d'otages à Marseille-Marignane par un commando islamiste) Jeanne Hyvrard pratique le recours à la chronologie externe dont Gérard Genette a étudié l'utilisation romanesque dans *Figures III*[13].

---

[10] J. Hyvrard, « Le Français contre-langue », *Revue et corrigée*, 18, 1985, p. 123.
[11] *Ibid.*, p. 123.
[12] *Ibid.*, p. 123.
[13] G. Genette, *Figures III*, Paris, Le Seuil, 1972.

2° – Quelques morts annoncées.

L'année 1994 a été fertile en guerres civiles et génocides. Le 28 février la narratrice enregistre la destruction des avions serbes par les chasseurs-bombardiers américains, le 15 avril l'agonie de la Bosnie, le 12 juillet « la boucherie algérienne », le 20 juillet « les fosses communes du Rwanda », le 22 décembre « la Tchétchénie écrasée sous les bombes russes ». Mais elle ne s'enferme pas toujours dans l'actualité de l'année et elle note le 11 juin : « De toute façon, il nous manque six millions de tombes ».

Le regard porté sur la France n'est pas de nature à éloigner le deuil : le 25 février commence à peser une menace gouvernementale sur le salaire des « jeunes, jusqu'à Bac + 2 ». La narratrice entre le jour même dans le groupe de ceux qui agonisent : « *Nousss* sommes touchés ». Le 3 octobre un proviseur d'un lycée de banlieue applique la charia. Le 4 octobre des croix gammées apparaissent sur les murs du VIème arrondissement. Le 12 octobre quatre policiers s'acharnent sur un noir pour vérifier son identité. Le 6 octobre T. N. est interdite de séjour en France « menacée de mort par la fatwa islamiste ». Le 26 octobre elle est finalement admise mais au milieu de « gardes du corps tendus scrutant les rangs du public ». Le 25 décembre un commando islamiste qui a déjà tué trois otages retient 172 personnes à l'aéroport de Marseille-Marignane. Le 7 décembre une vendeuse de supermarché « engueule les clients d'être là ». Le 24 décembre des mendiants sous les portes cochères rendent difficilement supportables les courses de Noël. Il a fallu constater le 26 avril : « Les pays au milieu desquels je suis née ont disparu ».

Jeanne Hyvrard avait déjà, dans d'autres livres, entrelacé son histoire (« Les cadeaux qu'elle t'avait préparés et que tu n'auras pas »[14]) et celle d'un peuple d'au-delà du rideau de fer, comme le montre le titre du livre de 1982 *Le Silence et l'obscurité. Requiem littoral pour corps polonais*[15], pratiquant alors aussi dans une dernière partie une écriture diariste (étaient relatés les événements tragiques s'étant déroulés entre le 13 et le 28 décembre 1981). Dans *Canal de la Toussaint*[16] en 1986 elle avait commenté la séparation historique entre l'Est et l'Ouest créée par le Traité de Tordesillas en 1494, prélude aux partitions contemporaines (scellées à Yalta), ou renouvellement de la « séparance » mythique intervenue au commencement de l'histoire humaine, ce qui est une douleur souvent attestée comme personnelle par Jeanne Hyvrard. Elle avait dans ses débuts associé les souffrances de la petite Jeanne inapte à apprendre la syntaxe et celle d'une population antillaise subissant encore une colonisation de fait.

La nouveauté est ici l'apparence d'une écriture diariste poursuivie tout au long d'une année. Une telle forme est normalement incompatible avec un récit, mention générique pourtant proposée dans *Au Présage de la mienne*. Un récit va vers un dénouement présenté comme l'aboutissement nécessaire des épisodes antérieurs. Un journal est l'enregistrement contingent d'un réel désordonné. Mais un effet de sens se tire de cet émiettement de l'histoire. L'auteur raconte que la communauté mondiale, et à l'intérieur d'elle la France jour après jour se délitent, s'effritent, s'autodétruisent.

Toutefois on peut encore dans le domaine politique séparer les bourreaux et les victimes, le gouvernement et *Nousss*, les policiers et les noirs, les Russes et les Tchétchènes. Le délitement est plus total lorsque le regard de la narratrice se porte sur son

---

[14] J. Hyvrard, *Le Silence et l'obscurité*, *op. cit.*, p. 95.

[15] J. Hyvrard, *Le Silence et l'obscurité. Requiem littoral pour corps polonais*, Paris, Montalba, 1982.

[16] J. Hyvrard, *Canal de la Toussaint*, Paris, Des femmes, 1986.

expérience professionnelle, celle d'enseignante. La notice biographique éditoriale présente dans le livre *Réécriture des mythes : l'utopie au féminin*[17] atteste que c'est bien le métier encore exercé par Jeanne Hyvrard parallèlement à sa production d'écrivain. Dans le récit de 1997, on est loin du schéma ancien : coupable brutal / victime innocente. Jeanne, élève indocile, avait été montrée dans un roman écrit vingt ans auparavant affrontée à des éducateurs rigides qui disaient : « peut mieux faire »[18] et le lecteur sympathisait avec Jeanne, détestait avec elle le tintement métallique d'une règle sur une table. Mais ici la narratrice note tour à tour le 24 mars :

> La mort aujourd'hui, ce sont ces professeurs aux visages fermés. Le malheur de leurs élèves ne les émeut pas. Ils ont des gueules de patrons chiliens[19].

Et le 2 avril :

> La mort aujourd'hui, c'est ma classe déchaînée par sa victoire. Ils ont fait reculer le gouvernement et leur désir de vengeance éclate sauvagement. J'ai l'impression de faire cours à des gangsters. *Tu ne tueras point*[20].

Elle regarde le 20 septembre sa classe en se demandant qui la tuera. Les débats du 17 septembre sur le port du voile islamique, le bruit d'un marteau-piqueur rendant impossible tout enseignement le 26 septembre, une agression physique du 14 décembre en salle des professeurs, font qu'assurer des cours devient un pur moyen de gagner *sa* vie (avec ce que le possessif comporte d'étriqué). L'enseignante qu'elle est devenue corrige mécaniquement des copies qu'elle lit à peine.

---

[17] *Réécriture des mythes : l'utopie au féminin*, *op. cit.*, p. 255.
[18] J. Hyvrard, *La Meurtritude*, Paris, Minuit, 1977, p. 97.
[19] J. Hyvrard, *Au Présage de la mienne*, *op. cit.*, p. 28.
[20] *Ibid.*, p. 31.

Le rapport avec les amis, les proches est encore présage de mort. Le 30 juin, une vieille amitié « maintenant sonne faux ». Un Très Cher Ami est depuis peu sur la liste rouge : impossible de l'atteindre. La narratrice s'en aperçoit le 11 août. Un Très Aimé va mourir : la conversation téléphonique du 25 août est la dernière. Le 9 octobre, c'est la mort « du père du père de [sa] fille ». Le 27 octobre c'est sa mère « à 83 ans (…) qui essaie encore une fois de [la] bluffer ». Déjà le 4 juin s'était exprimée la douleur ancienne d'avoir été abandonnée par sa génitrice. Le 24 juin le géniteur ne veut plus marcher. Mais le 9 novembre il a retrouvé assez d'énergie pour tenter de couper les ailes de sa fille. Sans doute y a-t-il la Plus Aimée mais elle s'en va le 2 juillet et le 11 novembre il faut constater « l'impossibilité de soulager la Plus Chère ». Le 11 décembre une « amie intime (…) tente pour la nième fois, le nième coup de force qui [les] a déjà n fois menées au désastre ». Surtout se dessine de jour en jour une marche vers la solitude qui fait réellement l'objet d'un récit avec ses premiers signes et son dénouement tragique : le 13 février « c'est la consolation sollicitée du Plus Cher, son silence obstiné et cette impression de damnation ». Le 22 novembre « c'est de nouveau le drame avec le Très Cher, et de nouveau l'envie de rompre, parce que non décidément, c'est trop difficile ». Le 19 décembre « c'est cette vie qu'il faut remettre en marche, seule pour un temps incertain et pour la première fois en trente ans ».

Les livres pourraient peut-être remplacer le Très Cher mais les spécialistes aimés cessent leur activité et il faut constater le 27 novembre la disparition des « bouquinistes préférés ». Le dialogue avec les êtres vivants comme avec les écrits des autres devient alors impossible, ce qui va entraîner la mort du moi pensant : « On ne peut pas penser seul. Il n'y a pas de *je* sans *Autre*, pas d'œuvre sans contradiction ».

Les animaux, les plantes pourraient-ils remplir le vide laissé par les êtres humains ou les livres ? Le 14 mars une brebis à tête noire « à qui [elle n'a] pas sauvé la vie » l'amène à se comparer à Jason qui, lui, a victorieusement gagné la Colchide dans sa quête de la Toison d'Or. Le 29 janvier l'animal familier est à toute extrémité. Le jour suivant elle trouve « le cadavre de la bête pendu par une griffe au radiateur ». Le 22 avril un rosier « s'étiole irrémédiablement » « dans la maison aimée ». Le 8 août elle remarque qu'une clématite meurt « faute d'avoir pu en prendre soin en temps utile ». Le 3 décembre il faut faire ce constat désespérant : « l'informe s'installe dans tous les espaces du vivant ».

Le manque occasionné par la mort des nations, celle du métier, celle de l'amitié, de l'amour, de l'échange avec les livres ou le vivant, prélude à la mort du moi, sujet central du récit. Mort physique d'abord. Cette femme qui, le 2 février, retire en salle des Professeurs bagues et barrettes « parce qu'elles pèsent trop aux doigts et aux cheveux », paraît une nouvelle Phèdre, qui, comme l'héroïne de Racine pourrait dire : « Je ne me soutiens plus, ma force m'abandonne ». C'est bien celle que la photographie mise en exergue montre accrochée à une grille : c'est Jeanne Hyvrard à Paris. C'est celle qui, le 12 février a une « douleur lancinante » dans les jambes, c'est celle qui, le 15 juin est immobilisée par une « chute fracturante dans la prairie ». *Adamah,* la terre dont elle est constituée, l'a trahie. Il a suffi de son « propre poids sur la terre argileuse » pour la briser. Elle a, le 26 juillet une « nuit de courbatures et de hurlements ». Lorsque, le 20 mai, elle remarque sa résistance, c'est pour se demander si ce n'est pas de « l'acharnement thérapeutique ». Mais, plus grave, elle a perdu l'envie de vivre. Le 7 mars elle n'a plus le désir de se nourrir, le 13 mars elle reste enfermée chez elle sans s'habiller, paralysée par la peur. Le 26 février elle constate que, « *pour [s']économiser* » elle a refusé d'aider un vieillard de sa famille. Pis : son ancienne raison de vivre, l'envie d'écrire ou de se relire en vue d'une publication, l'abandonne. Elle doit conclure le 29 décembre, faisant le bilan de l'année écoulée que « son texte (...) ne parvient pas à s'écrire et à éloigner la réalité. Dans les corbeilles de la mémoire, les fragments survivent et végètent pour leur compte ». Vingt ans auparavant elle disait fièrement : « Ainsi s'est écrit (et non j'ai écrit) *Les Prunes de Cythère* ».

Aussi ce texte apparaît-il comme le récit d'une passion au sens christique du terme. Des mots du Messie sont rappelés ou parodiés. Le 17 février : « *Mère, mère, pourquoi m'as-tu abandonnée ?* ». Le 27 juin : « *Elie, Elie, lamma sabacthani ?* ». Des formules des offices funèbres ou des prières de la messe ponctuent l'année. Le 28 mars : « *Donne-leur Seigneur le repos éternel et que la lumière brille à jamais sur eux* ... ». Les 27, 28 et 29 août font entendre : Kyrie eleison ! Christe Eleison ! Kyrie eleison !

II. Voies de résurrection : le recours au mythe

La lecture du « prière d'insérer » placé en quatrième de couverture d'*Au Présage de la mienne* nous laisse entendre que cette chronique de morts annoncées prélude à une renaissance :

> Il faut sans cesse lutter pour éviter la dislocation. L'auteure n'y parviendra qu'après le 366ème jour. C'est parce qu'elle nomme la forme du monde, fût-il tout autre, que la littérature triomphe de la désarticulation[21].

Avec cette ambition de nommer le monde elle imite déjà Yahweh dont l'action racontée dans les premiers versets du livre de la

---

[21] J. Hyvrard, *Au Présage de la mienne*, *op. cit.*, quatrième de couverture.

Genèse ne cesse d'être présente à son esprit, et elle établit une transition vers une écriture d'un autre registre. Lorsqu'elle note le 3 avril « Je me souviens d'Abraham » et lorsque le 29 mai, se référant à l'Apocalypse, elle suggère qu'avec la détention d'un « des plus grands patrons français en prison à l'étranger », on assiste à l'ouverture d'un sceau (*Ne dévastez pas la terre dit l'ange, avant que je n'aie marqué d'un signe, le front des serviteurs du vivant.*), elle nous fait comprendre que son récit n'est pas l'enregistrement passif d'une crise dépressive fragmentée tout au long d'une année.

Mais elle a confié à deux autres écrits de dire que la littérature triomphe de la désarticulation. Ces écrits ont en commun deux caractères : ils répondent à une sollicitation formulée par des universitaires organisant un ouvrage collectif, et ils s'éclairent de ce que Marc Eigeldinger a appelé les « lumières du mythe »[22]. La participation de Jeanne Hyvrard au livre *Réécriture des mythes : l'utopie au féminin* a été une biographie intitulée « A bord des mythes dans le vaisseau de l'écriture ». Quant à sa contribution au mythe d'Orphée, elle s'est conformée aux consignes données aux collaborateurs du numéro de *Religiologiques* : réévaluer le personnage d'Eurydice. Cette réévaluation apparaît dans son titre : « A bord d'Orphée dans le vaisseau d'Eurydice ». Chacun de ces deux textes a une fonction particulière. Le premier élabore une autobiographie mythique. Le second est un message philosophique essayant de penser une nouvelle organisation du sacré.

1° - Autobiographie mythique.

---

[22] M. Eigeldinger, *Lumières du mythe*, Paris, PUF, 1983.

Dans le texte « A bord des mythes dans le vaisseau de l'écriture » Jeanne Hyvrard jette un regard rapide et discret sur les événements qui ont marqué sa vie privée et elle se consacre surtout à l'analyse de la naissance de sa pensée. Elle pratique alors sous une forme condensée l'équivalent de l'autobiographie intellectuelle que Michel Tournier a réalisée dans *Le Vent Paraclet*[23].

Les différentes étapes de la vie sont bien là : une enfance à la fois frustrée affectivement et comblée intellectuellement, l'expérience du voyage, la maternité, la traversée de 1968, la profession, l'écriture, la maladie, la survie. Ces étapes se pensent à travers des mythes, ou à travers le refus de certains d'entre eux, ce qui montre dans un cas comme dans l'autre la prégnance de la pensée mythique. Les insuffisances de celle qui est appelée la génitrice sont compensées par le mythe de la double naissance. Gilbert Durand a montré dans *Le Décor mythique de la Chartreuse de Parme* comment Stendhal utilisait ce schéma pour « héroïser » Julien Sorel et Fabrice del Dongo[24]. Le père social se double d'un père plus prestigieux. Jeanne Hyvrard rappelle qu'elle s'est réengendrée en prenant le patronyme de sa grand-mère maternelle. Spirituellement c'est aussi à cette grand-mère et à des mythes légués par elle qu'elle se rattache : « le velours bleu du missel de grand-mère était doux à ma peau et parlait de compassion. Ainsi appris-je que les victimes offertes ne mouraient pas toujours mais que des mains surgissaient parfois pour offrir à leur place un bélier ». Son enfance a été une période de « cosmation », c'est-à-dire, comme l'explique *La Pensée corps* de « fusion avec le monde donnant accès au mystère du monde. Cet arbre de chair enraciné dans la connaissance. Cette éternité de l'absence de lieu et d'espace,

---

[23] M. Tournier, *Le Vent Paraclet*, Paris, Gallimard, 1977.

[24] G. Durand, *Le Décor mythique de La Chartreuse de Parme*, Paris, Corti, 1961, p. 71.

ce néant tout plein d'une joie sauvage »[25]. « A bord des mythes » dit « la familiarité avec la nature enchantée car dans les fourrés nul ne [la] poursuivait. [Elle] y rejoignai[t] candide les nymphes dans le cortège de Pan, et si en retard au repas une gifle tombait, elle n'avait pas le pouvoir d'abolir ce premier tutoiement des divinités ».

Ce temps paradisiaque s'interrompt avec une expérience de la Chute : l'apprentissage scolaire. Le mythe de la chute des Titans est requis pour l'exprimer. Mais le cinéma américain assure le réenchantement du monde et permet de croire que la Mer Rouge peut être traversée à pied sec. Les voyages donnent ensuite à la jeune femme l'impression d'être celle à qui parlent les vents : « De l'Est, le vent tzigane (...) et des Amérindiens de l'Alti Plano l'esprit du monde ». La Martinique l'installe dans l'illusion cratyléenne : celle de la coïncidence entre les lieux et leurs noms.

C'est notamment son expérience de la maternité qui lui fait refuser le mythe chrétien de l'Incarnation « bafouement parfait de la mère » aussi bien que celui de l'engendrement de Minerve par le seul Jupiter. « La réécriture des mythes permet de dénoncer cette exaction ». L'auteur voit une parenté entre l'opération du Saint-Esprit préservant la virginité de Marie et les pratiques actuelles de reproduction artificielle.

Sa survie après la maladie est pensée comme une indulgence de la Parque. Sa traversée de la maladie est sans doute aussi ce qui l'amène à refuser l'essentiel du mythe chrétien « faisant de l'incarnation et de la passion du Christ la pièce centrale de la salvation du monde ». Contre le christianisme qui « commande de consentir à sa destruction et pire encore d'y trouver son plaisir », elle choisit le judaïsme pensant que « le mythe d'Abraham fonde l'espèce humaine » puisqu'il interdit finalement le sacrifice humain.

---

[25] J. Hyvrard, *La Pensée corps*, Paris, Des femmes, 1989, pp. 50-51.

Mais l'histoire de sa pensée l'intéresse plus que les accidents de son existence. Elle remonte « jusqu'à la Vénus Préhistorique, la Grande Déesse », celle « qu'Apollon un beau jour décida de détrôner en tuant son Python ». Le véritable maître à penser de Jeanne Hyvrard a été Chouraqui avec sa nouvelle édition de la Bible et sa traduction de *Béréchit* (= au commencement) par *Entête*, néologisme évoquant le moment qui a précédé la partition. Un voyage dans la vallée du Nil lui révélant la séparation brutale entre la vie du fleuve et la stérilité du désert, lui a inculqué son concept majeur, l'idée de la *séparance* et l'a convaincue du caractère fictif du partage des eaux comme l'événement majeur du second jour de la Genèse. De ce mythe du partage des eaux est venu, selon elle, le « dysfonctionnement de notre mode de pensée ».

2° - Ontologie mythique.

Dans son texte « A bord d'Orphée dans le regret de l'Eurydice », Jeanne Hyvrard se sert de mythes grecs pour proposer, refuser ou modifier certains modes de pensée.

Proposer. Elle utilise le mythe hellénique de la Pythie delphique « perchée sur son trépied, ceinte de lauriers et respirant les émanations de la faille qui communique encore avec le ventre de la terre/mère », afin de réhabiliter l'utilisation de la part obscure du moi, l'inconscient, le délire, la folie, l'émotion ou plus simplement l'affection. Elle prend ce mot dans son sens étymologique, le *faire vers*. Le mythe de la Pythie exprime le désir de ne pas se débarrasser du sacré « puisqu'il est le lien avec la mère et à travers elle avec toute la précédence ». L'auteur trouve significatif que devant le phénomène de la vache folle, on n'ait que le seul recours d'abattre au lieu de chercher à soigner.

Refuser. Un mythe exprime une pensée totalitaire, intolérante : c'est celui du sphinx devant Œdipe. Le monstre dévore

« tous ceux qui ne parviennent pas à se penser dans le temps ». C'est l'image du logos imposant sa domination.

Modifier. Orphée a été l'admirable charmeur des bêtes sauvages. Son chant a permis la navigation victorieuse des Argonautes. Mais pourquoi a-t-il consenti à sacrifier Eurydice, à la laisser retourner aux Enfers ? Tout mythe sacrificiel, qu'il soit grec ou chrétien, est désavoué par Jeanne Hyvrard. L'auteur s'intéresse à Eurydice et à l'étymologie de son nom : LARGE JUSTICE. Le texte s'achève sur une invocation contemplative reliant l'épouse d'Orphée à la nymphe Europe, objet de l'amour de Jupiter :

> O mon Europe au large visage ! Quels liens nous relient qui s'ancrent dans les profondeurs de la grande vache sacrée et de la belle nymphe que Jupiter-Taureau enleva un jour qu'elle se baignait dans la Méditerranée.

Il est conseillé à Orphée de se retourner vers les Enfers, de regarder Eurydice, sa mémoire et la mémoire du monde, d'avoir une pensée fusionnelle témoignant de son souvenir des origines, de son lien filial avec la Terre Mère. Les Enfers ne sont pas habités de monstres, pas plus que la mer au-delà de l'Equateur où craignaient de s'engager les marins de Magellan : « Inventer la tierce culture est souhaitable. La restructuration mondiale est en marche ».

La lecture du récit *Au Présage de la mienne* pouvait faire croire que Jeanne Hyvrard, vingt ans après, baissait les bras, se bornait à constater l'approche de la vieillesse et les malheurs du monde. Il n'en est rien. Ce récit doit être lu en même temps que les textes éclairés par le mythe commençant tous deux par « A bord ». L'écrivain reste embarqué et souhaite que cet embarquement, comme celui des Argonautes, soit illuminé par la croyance antique ; elle écrit dans « A bord d'Orphée dans le vaisseau de l'Eurydice » :

« Penser la fusion est possible. Organiser autrement le sacré est nécessaire ». Et dans « A bord des mythes » :

> Les mythes sont ce qui nous reste du polythéisme d'un monde enchanté dans lequel les idées n'étaient pas séparées de nous mais l'âme de nous, dans la circulation commune. Les mythes sont ce qui nous reste des *eidelon*, les idélonnes, les idoles, les images, les représentations imagées de l'invisible qui rôde, la polarisation de ce qui flotte, l'ambiance, l'air du temps, le je ne sais quoi à l'œuvre.

Mais alors qu'auparavant elle confiait à un seul texte le soin de dire « L'agonie. La résurrection »[26], elle dissocie maintenant les deux voix. Peut-être a-t-elle besoin d'être soutenue par une communauté pour dire ses raisons d'espérer, et proposer une éthique fondée sur « l'invisible qui rôde ». Cette éthique s'exprime dans « A bord d'Orphée » : « Penser la fusion est possible. Organiser autrement le sacré est nécessaire ». Argonaute de notre temps, elle se dirige volontiers vers le Nouveau Monde où elle trouve un écho favorable à une pensée féminine sinon féministe.

---

[26] J. Hyvrard, *Le Corps défunt de la comédie*, Paris, Le Seuil, 1982, p. 62.

Navigation by the Stars : Translating *The Body Thought* [1]

by Annye Castonguay

Résumé : *La Pensée corps* est presentée sous forme de dictionnaire ; la forme choisie incite à croire que la langue française et sa grammaire, formant ensemble le portrait des limites que la culture française impose à sa société, composent le sujet principal. Bien que s'insurgeant contre l'ordre imposé à la langue, *La Pensée corps* va au-delà des mots : son contenu ne se rapporte pas seulement à la langue et à la culture française et les problèmes qui y sont soulevés sont contemporains autant à la culture française qu'anglaise. Dans *La Pensée corps*, Jeanne Hyvrard entreprend de prouver que la linéarité est une illusion, l'ordre et la logique, une distortion de la réalité et la langue, le moyen de soutenir l'illusion et ainsi dissipe le brouillard qui empêche de voir le monde tel qu'il est vraiment.

> Man, thou[2] said, comprehends man and woman. Assured of thy power, thou spoke for me. Thy verbs defoliated my head. Thy grammar locked up my mouth. Thou were forbidding me of being. I went alone seeking the gateway. The sentences swelled under the weight of sorrow. The constraints gave in to the rule of the stars. Remained to discover the round earth of a mad grammar the *seagates* were opening but the ships did not wreck. The strait was big. An entire fleet boarded time in scattered order.(Magma, The/She Magma)

The Body Thought, a philosophical dictionary written by Jeanne Hyvrard may be understood as a simple complement to her other works, defining or redefining the terms she uses throughout

---

[1] J. Hyvrard, *La Pensée corps*, Paris, Des Femmes, 1989, translated by Annye Castonguay (to be published). All references in this text, unless otherwise stated, are to the translation. Since the page numbering will be changing, the references are made to the entry rather than the page number.

[2] « Closest to the sacred the love of the speech-man. The part of eternity incarnated in time. Without the seawall, thou would have shipwrecked in my waters. Without thy name, I would have entirely burnt » (Thou).

her writing to help the reader navigate through her works, but there is more to it than the eyes first see. Of all of her works, *The Body Thought* contains without a doubt the most elaborate and complex organisation. *The Body Thought* is not only the expression of a rediscovered language, thinking the world as it is, but the uncovering of language, exposing it for what it truly is : a tool for the domination of the world. What better form to expose and undermine the rigidity of language than its sacrosanct consecration : the dictionary ? Despite the alphabetical arrangement of the entries, the suggested linearity and order are a disguise. *The Body Thought* exposes a language which pretends to represent the reality of the world and questions its value : how adequate can a linear language be to express a round world ? After all, « How could man navigate straight on a round earth ? »[3] *The Body Thought* represents another reality, not the one of the ordered, logical world but that of the real world, that of chaos.

Jeanne Hyvrard's point of view on order, logic, language and especially with concerns to linearity is well known : it is a privileged construction born of the predominance of reason used to master the world. In this view, the chosen form appears extremely suspicious. *The Body Thought* is presented in the form of a dictionary, a form the reader can easily relate to. However, the form seems to emphasise that order and logic are necessary arrangements for language to convey a message and its meaning. Yet, this contradicts all Hyvrard has worked to show throughout her writing :

> The world is only this breach, the effort to think again the world otherwise. Two planets in one. Is it possible ? How could the divided man and woman have the idea of sharing ? How could the divided man and woman not have the idea of sharing ? How could the man and the

---

[3] J. Hyvrard, *Canal de la Toussaint*, Paris, Des Femmes, 1985, p. 49 (my translation).

> woman believe one instant... The same world ? But no... It is not the same...
>
> The world is only this breach, the effort to say *the/she feminine*. How to say it without saying *the/she world* ? The warping of mistakes until the unacceptable has been accepted. The mistake is no longer the mistake. Distortion becomes otherness. Libertarian, language giving way. The last book. The warping of the structures until the inconceivable has been *incepted. A grammar other*. The one of *chaos*. The emergence of nothingness. The beginning of recreation. So that the world could be two. Thine and mine. Absurd, thou say. There is only *one*. [...] (World)

A superficial look at *The Body Thought* may indeed be just as deceiving as the world we live in. The dictionary, the purpose of which is to « list and explain the words of a language » (*Illustrated Oxford Dictionary*), is by no means a new structure. The secure ground provided by its order reassures : it no longer represents the unknown. In this masterpiece, this nomenclature, Jeanne Hyvrard undertakes to prove that linearity is an illusion, order and logic, a distortion of reality and language, the means to carry the illusion ; together they are the tools of the world's domination. Disguising the reality of the world, the logarch projects his perception of the world onto it and proclaims its universality. Putting the elements of the world back into perspective, *The Body Thought* allows the passage from one world to another.

In many languages but in French particularly, grammar and rhetoric rules tighten language until it becomes inflexible. If the purpose of a given language is to communicate the reality and customs of its society, it should express life in motion ; however, fixed and dry, it can only describe the world still. It must imprison life to express the reality of the world, the one the logarch wants to shape : « The logarch utters a speech that only concerns the part he, masculine or feminine, is part of and that he applies, consciously or not, to the whole » (Logarchdom). Order, logic and linearity are the basis of the English language just as they are in French. The main difference rests on grammar. Although the English language is grammatically structured, it is not as structured as French : there is more emphasis put on grammar for French students (from grade one to twelve, or the equivalent) than for English students[4]. Therefore, the references to grammar may not carry as much weight in English as they do in French. However, the constraints and limitations of language and its grammar remain present whether or not one is aware of them but become more dangerous when they exist solely at the unconscious level.

Jeanne Hyvrard « has spent her whole writing career struggling to find a form and a language adequate to express the dynamic, holistic, interactive world she sees. »[5] Our language, whether it is French or English, expresses the world we are raised to see ; in *The Body Thought*, Hyvrard is constructing a neo-language which illustrates both the world as she sees it and the world she sees. While exposing in *The Body Thought* that the structure of language imprisons, Jeanne Hyvrard is also « experimenting with dynamic and flexible systems which permit, indeed encourage, changing relationships, paradox, ambiguity and total interconnection of the elements of which they are composed »[6]. The elaborate system she explores with *The Body Thought* not only illustrates her vision of the world but encourages all to discover their own reality. She shows that language can have a flexible organisation and that an organisation which allows changing relationships, paradox, ambiguity and total interconnection is capable of representing the whole world, not only half. Rebelling

---

[4] This is especially true in North-America.

[5] J. Waelti-Walters, *Jeanne Hyvrard : Theorist of the Modern World*, Edinburgh, Edinburgh University Press, 1996, p. 21.

[6] *Ibid.* p. 30.

against the restrictions of language, *The Body Thought* lifts the fog concealing the real world.

Jeanne Hyvrard's style reflects the freedom of the language she explores in *The Body Thought,* the one she herself calls the language of the marsh :

> A simple poetic image is not what should be seen in this indefinite opened concept but a necessary tool to think the *unnameable*. It must not be confused with the *magma*. The marsh is the universe of the non-separated [...] It is the order of totality. (Marsh)

Short sentences, often fragments, virtual absence of punctuation and conjunctions or other connecting words, repetitions, all contribute to give the reader thinking space. The flexibility of Hyvrard's texts allows our background and knowledge to complement them, challenges our imagination to find as many or as few levels of relationships as we can imagine and generates an intertextuality beyond literature. It is with exceptional insight, sincerity and unprecedented poetic sensitivity that Jeanne Hyvrard not only helps us discover a new way of expression but teaches us how to rethink the world in a poetic style that, read out loud, comes as a song, celebrating the other half of the world.

The organisation of *The Body Thought* is flexible and tri-dimensional yet not scattered ; the terms are flexible as well : they are constantly in motion. Their meaning is greatly affected by the surrounding terms of the chosen arrangement. A different perspective sheds a new light and brings out aspects that until then had remained hidden. However, as soon as one believes to have fully understood the meaning Hyvrard wishes to transmit for a particular word, concept or incept, believes that it is within one's grasp and attempts to rephrase it, the meaning almost invariably escapes, and the explanation seems flat and stripped of any depth. It is like trying to hold on to water in one's hand : the harder the grip, the faster the water escapes. The hand may remain momentarily damp allowing the memory of the water, but already the moment has passed and the feeling, changed. In the same manner, the understanding of the word remains but language lacks the words to express Hyvrard's thoughts : they belong to another world, another realm, one that provides space to exist.

Since it can be extremely difficult to « seize » the meaning, the sense, of any given term, it becomes even more arduous to translate it without locking it : one must ensure, within the realm of possibilities, that the flexibility – whether extreme or absence thereof – of the term has been transposed along with the meaning(s). As a concern for retaining the flexibility of the text and its poetic beauty, I have refrained from the use of footnotes throughout the translation unless they were essential to carry the meaning. In most cases, footnotes would only serve to explain a particular perception : removing ambiguity, they affect the flexibility of the text by fixing its meaning, locking it into place. On the other hand, not all terms are meant to be flexible : some must retain their rigidity and that also has to be respected.

Although a necessary process, these conclusions represent only the tip of the iceberg. Before undertaking the translation of *The Body Thought*, one question had to be answered : Is the content only relevant to French language and culture ? If there were no similarities, if the content offered no relationship to the reality of the other language, no bridges, then translating it would be senseless. Even though the form suggests that French language and grammar are the main focus illustrating how French culture is restrictive, the issues raised are contemporary to both cultures. The

English language may seem more flexible but it is an illusion ; like French, it is governed by a series of rules that rest on logic, order and linearity and although its grammar may appear simpler, the rules remain hidden within the language's framework.

Realising that *The Body Thought* was more than just a dictionary and that its content went far beyond words, an essential issue still had to be addressed : the alphabetical order. Since Jeanne Hyvrard had used this form as a disguise, a feint, I thought essential to translate that aspect ; *The Body Thought* had to be re-alphabetised in English. The new organisation reinforces the fact that its linearity is an illusion and accentuates the strength of its flexibility. Retaining the French order would have only destroyed the illusion while creating a work with an organisation that seemed random and purposeless. Moreover, the first entry of *The Body Thought* reveals how to best approach this work whilst not imposing it :

> Treatment of the text :
> Connecting connections, the italicised words refer to other entries in the dictionary – Moreover, in the « read also » notes, these indicate that they have just been used in the article, and that one may, at this place, insert another fragment to enlarge the text. (Accrete (to), note)

Jeanne Hyvrard encourages a change of course. She suggests navigating freely from passage to passage, entry to entry, back and forth, in an order that logic would qualify as random. However, the reader's choice forms each time a new organisation which is far from random. Unless one chooses to read *The Body Thought* from A to W without going astray, the odds are against two people reading the book following the same progression or even the same person reading it twice making the same choices. Each time around, it is a new discovery, a new perspective, a fresh outlook at the world.

However, it is the presence of a female narrator that sheds an entirely new light on *The Body Thought* : the overwhelming evidence proves beyond resonable doubt that it is more than a dictionary : it represents the prison from which an increasingly aware narrator plans to escape, with the hope of finding a realm where she is free to be.

A voyage, an exploration through *The Body Thought* illustrates the different realities of the world. For centuries, the explorers have used the navigation by the stars to determine their position and set their course. They required the stars, a knowledge of the celestial sphere, the horizon and a sextant. A chart was always helpful. As long as they could ascertain their position, their course could be steered. If only one of the elements was missing, establishing their position was virtually impossible ; they were often unable to determine whether they had drifted off course.

In *The Body Thought*, the narrator is an explorer and logarchy, the thick fog holding her still. She is searching the seas for a gateway to freedom but even the brightest star is useless if it is not visible. At the beginning of her journey, *The Body Thought* is at times a lighthouse ; its voice warns against danger and its light, of danger's imminence. As such, *The Body Thought* is only a guide : it cannot act on anyone's behalf. This multi-facetted work is together the lighthouse, the horizon, the sextant, the stars and the gateway. As the fog slowly dissipates and the constellations[7] become visible, she can establish her position and begin to chart the reality she is unveiling and the course leading her to the gateway.

---

[7] « Group of concepts and incepts which must be thought together insofar as they are *littorals* for one another. Heterologable file, card of connections, structure with variable geometry. List of the words itemised in *read also* ». (Constellation)

In a form which otherwise prides itself to be impersonal and objective, we are guided through *The Body Thought* by a female narrator. Since form, organisation and content go hand in hand, one must try to understand the narrator's experience and perspective, become one with her, follow her through her quest and utter with her that cry for help, space, identity, unconditional love and ultimately, freedom. In a world where « the woman is not considered a human being » (Denial of Existence), she is a prisoner of a reality that does not recognise her right to choose her own existence :

> Locked up. Informed. Shaped. To be used as a womb, a mine, a quarry. The order of the man locks up the woman to shape her, to put her in posture, in position of mother. It is only possible if she remains productive of something besides herself. Whence the necessity of forbidding her all self-development.
>
> The realm of her imprisonment may be a topic space, a burning home, but just as well a role or a function she cannot escape. It is not because she gets out of the house that she escapes the *role* cast on her. The freedoms of women remain empty forms if society denies them their usage for their own development. (Imprisonment)

Silenced by a language that does not represent her, separated from those she loves, she is suffocating. As a noose around her neck which limits her motion, language and grammar limit her expression : as soon as she attempts moving away from accepted forms, logic and linearity, the noose tightens. The only way she can be free is by finding a language which gives her room to exist, one that can loosen the knot. In a world where there is no room for tolerance or difference, freedom is virtually beyond the horizon. The narrator sees the world with exceptional insight and accuracy : as a whole with all its realities, the world for which there are yet no words to express :

> *The body thought*, the dictionary of the gap, the nomenclature of chaos, the file of the *formless*. It lacks all the words that still overwhelm me. [...]
>
> *The body thought* written with sympathetic ink. It lacks all the *words* I only know what thou told me of them. All of those that cannot be translated without becoming useless, and especially those I cannot take upon myself to pronounce, because it is those that have separated us. (Rift)

Translating the missing words and those that cannot be translated without becoming useless, I had to find a way to represent the prison and the captive's state in the captor's world.

The Body Thought is not meant to be taken apart. Obviously not everything *The Body Thought* deals with may be approached here, but embarking with the narrator on her quest for a gateway through which the real world appears helps us circumnavigate the walls of her prison and see the world she is uncovering : navigation by the stars. She is now ready to establish her position in relation to the surrounding world. Unfortunately, as this will shed a light on certain aspects that have lead me to these conclusions, some separation occurs. I can only advise you to : « Read also : *The Body Thought* »(Objection of culture).

A reality, a thought system based on separation can only be exclusive : when there is only room in or out and never in between, there is a whole world that is left aside. Separation has created a reality which rests on that principle and all the elements of that reality can only exist separated. Yet,

> The goal of separation is not so much to prevent communication than to set up, on the contrary, relationships between what is separated. It is there that the shaping occurs. The essence of logarchic thought is not so much the separation as the relationships the logarch orders between what

he has separated. (Thought)

Man's reality, order, logic and language have been entirely structured on separation : his whole world depends on it. That same separation is at the root of the narrator's imprisonment. Her entire existence revolves around a reality from which she is by definition excluded, separated :

> Separance. When I did not know that fusion existed, it is in this way that I *named* everything separating me from thee. This perpetual exile in a *realm* where everything ignored me. This *imprisonment* in a language sentencing me to silence. This bolting in a *grid* making thee inaccessible. In this way thou loved me. In this way I loved thee as the seawall containing my chaos. In this way I worshiped thee as the light. In this way I adored thee as the founder of duality. In this way I named, in the beginning, the nostalgia of the body-thought. (Separation)

This state of separation, this order of separation, can only be sustained by a strict and rigid structure enabling the system to keep everything separated, categorised. Language serves to perpetuate this state : with its underlying logic, its ruthless grammar, it dictates the shape of the world and shapes its inhabitants' prison :

> Man's *logarchy* allows him the *establishment*, through the discourse, of an *order* ensuring to him alone the *individuation*, at the expense of that which he represses in the *magma*.
>
> The logarchic discourse is the *foundation* of this operation of distribution of the social *roles* between the sexes and human categories. (Discourse)

They are cast in a role which defines the hierarchic order of logarchy : « Between *power* and *identity*, the role, the one the *logarch* forces onto the *fusionary*, the man onto the woman, the dominant onto the dominated. » (Role) This has become the order of the world. The logarchic order

> ... is the shaping a dominating imposes on his territory. He constructs it

> with closed concepts, watertight words and a dry grammar. The nome is the territory thus ordered. Everything that does not submit to this order cannot be taken into account. It is the case for heterogeneity and movement.
>
> Logarchy is one order amongst others. The one that represses the so-called chaos. [...] The ordinancer establishes order. In logarchy, it is the system, the code, the grid, the writing, the grammar. (Order)

The very system that with its invisible walls imprisons : grammar. Its rules restrict language and delimit the prisoner's living space :

> Thy conjugations. These monstrous harnesses for the *domination* of the world. [...] One could just as well say the conjunctions. Is it through this grammatical yoke that thou subjugate me ? Thy conjunctions of coordination. What a confession ! Thou do not leave me a lot of space to exist. (Grammar)

The narrator is not the only prisoner but a representative member, an emissary, of the categories of scapegoats who are essential to the functioning of logarchic order :

> The primary function of the scapegoat is to be the connection with the world. Before being assumed the culprit of a moral system, the scapegoat is the foundation of an order that allows the logarch a project of individuation for which the scapegoat bears the brunt. (Scapegoat)

The logarch, who can be male or female, « confuses what the world is and what he would like the world to be » (Logarch) ; with his order he has erected so many dams and seawalls he has created a labyrinth through which the narrator must navigate. She senses that these walls are not there for her protection as he would like her to believe but to imprison her, separate her, dominate her, obstruct her vision and most importantly, protect him. Nothing in (t)his order is left to chance or nature. His efforts are calculated : he systematically alters the real world into one that serves his own interests :

> To the real organisation of the world, he substitutes a fictional order of which he profits. Of the totality, he takes a part he erroneously calls universal. Formatting the earth, he imposes his order to it, it is logarchy...[8]

He needs to believe that logarchy is the only order and enforces it to repress anything that may prove to the contrary and threaten his power :

> ... save in the logarch's fantasy, there is not order on one side and *chaos* on the other. He uses this separation to rest his domination, but it does not reflect the reality of the world. (Chaorganisation)

This separation is essential to his domination, a position which assures him several advantages important enough to ensure that culture will perpetuate this point of view. For example, the woman,

> ... provide[s] for any man, intimate or not, a free zombie-production, indefinite, invisible and unrecognised, of goods and services, varying according to the eras, the countries, the social classes and the levels of personal emancipation ... (Office)

All of society's teaching ensures that she continues to assume that position. The narrator questions this procedure :

> The extermination of my sex thou perform through conditionings, psychic annihilation, mutilations, infanticide and selective abortion, to end with the procreatic radically eradicating my reproductive organs, will thou accept that I call it sexocide ? (Sexocide)

Of course, these teachings are not always radically visible ; on the contrary, they have been built in as standards of our culture and

---

[8] J. Hyvrard, *Cellla*, Montigny, Voix Richard Meier, collection PrimitivVoix, 1998, p. 64, (my translation).

integrated via language : the simplest disguises are often the most effective ones. What could be more innocent than the gentle scolding of a pleading mother to her daughter : « be reasonable ». The narrator's vision is getting sharper, and like the lighthouse in the fog, such advice warns of concealed and life-threatening dangers :

> This is what they advised me to be, when they wanted me to keep quiet, obey them, say what they ordered me to, renounce life, disown myself, in short, die. I became suspicious. (Reasonable)

Under the pretence that his language is all-inclusive, the logarch keeps his domination by further depriving the woman of all self-image and identity : « Thou keep saying that man comprehends man and *woman*. How is it that this contradiction does not trouble thee ? » (Man) In his logic, she is left without a self while he wants her to believe, perhaps he believes it himself, that hers is the same as his. How could she know her own identity, she wonders :

> How could I find it, define it, think it ? I am barely at the stage of discovering, in me, that which is not mine and correcting in grammar the forms that forbid me to name myself. (Identity)

As soon as the woman tries to escape the identity the logarch provides her, if she rejects it, his logic cannot account for this, thus he

> ... calls *madness* identity rupture, not seeing that it is the suspension of the identity he has imposed : the house arrest in a role. (Identity)

In fact, his logic cannot account for everything :

> *Logic* is only half of reason. A reconstruction without relationship to reality. An ordonnance of the world to shape it, dominate it, make it its territory, its resource, its womb, its nome. [...] Another exists alongside. [...] The logarch calls it irrational. (Reason)

What he calls irrational is simply « that which he does not understand, the second half of reason his logic cannot account for ». (Irrational) In the same vein, as the narrator tells the logarch what he names illogical are « the actions I commit or the decisions I make taking into account my own interest, my choices, my lifestyle or more simply [...] my way of seeing the world » (Illogical). The narrator realises that his world is nothing like the one he describes. Yet, it is only because of their separation that she can finally see his real world with her own eyes for the first time :

> Without thee, everything was emptiness or wound to me. Thy absence obscured my earth. But in this *rift* opened an abyss leading towards the world. I discovered little by little that it was not the one thou had told me about. Thine was littered with the bodies thou had abandoned on the way. (Separation)

It is the beginning of the journey. The fog is being lifted, the celestial sphere gradually descends towards the horizon and illuminates the ocean. She can now establish her position and will soon be able to set a course. Will she steer away from him ? She wants to tell him that they do not have to be separated, that the world can be thought without separating :

> Body-thought thinks together logical thought and captive thought. It differentiates without separating. It thinks the noun with what it refuses, represses, rejects in the magma. The logarch does not know how to do that, does not want to do that, because his power and his comfort depend on this separation. Body-thought does not exactly cover *in-thought*. It is its expression in the logarch's language. In-thought, fusional thought, body-thought form a *constellation*, that which the logarch covers with the watertight name of *unnameable*. (Thought)

The narrator, like Jeanne Hyvrard, does not want the separation ; however she does want her freedom :

> One day I took thee to thy word. I dared force the language to say the sequesterment thou were making me suffer. Naming my extermination, I was inventing the under-developation. I subverted *grammar* in order not to be separated from thee anymore. But thou did not want to hear about it. Thou could only love me mutilated. (State)

She knows that the language of the marsh is the only one that can set her free :

> The *marsh* was not the happy medium but the realm where I could love you without getting lost. The realm where I could love you without renouncing myself.
>
> You did not want to hear about it. You had separated forever the sky from the earth, the light from the night, the humidity from the dryness, and the flesh from the stars. Looking at the *world* you had created, I especially saw all the *waters* forever seeking reunion. (Swamp)

Unfortunately, she has to choose between her freedom and her love because they represent two separate worlds, because he cannot love her free. The language of the marsh is the only one that has room for both worlds :

> I do not dare tell you that your language is only a fragment of mine and your knowledge a particle of my memory. And finally, especially, I do not know how to tell you that I love you, fearing that after all of this you could not believe me. (Maddendness)

With *The Body Thought*, Jeanne Hyvrard has taken the logarch at his own words : using the form of the dictionary as a disguise, she proves that linearity is an illusion, order and logic, a distortion of reality and language, the means to maintain the illusory reality. In *The Body Thought*, we discover that our language and logic imprison and cannot represent the reality of the world : only half. Language should reflect the living world, yet the logarch's can only express what it has captured and immobilised. With that stratagem,

Jeanne Hyvrard proves that flexible systems represent more adequately the world than rigid structures. An organisation which allows for rules to change and constant motion strengthens the relationships rather than weakens them as the logarch believes. Changing relationships are fluid and, on that account, not only difficult to grasp but much harder to dominate.

Translating *The Body Thought* exceeded greatly the transposition of ideas and words into another language : it was the discovery of a new world : the real world. The narrator's journey through *The Body Thought* charts the course to self-discovery, identity, unconditional love and freedom. She shows us there is a gateway. We are free to establish our position and set our course : the sky is full of stars.

Un itinéraire bibliographique hyvrardien (1975-2000)*

par Jean-François Kosta-Théfaine

Les articles théoriques de Jeanne Hyvrard signalés par un astérisque (*) sont rassemblés dans un dossier intitulé « A bord des Sciences Sociales » que l'on peut consulter à la bibliothèque Marguerite Durant (Paris).

I - Œuvre de Jeanne Hyvrard

I - Livres

Editions de Minuit :
Les Prunes de Cythère (Roman), 1975.
Mère la mort (Roman), 1976.
La Meutritude (Roman), 1977.
Les Doigts du figuier (Parole), 1977.

Editions du Seuil :
Le Corps défunt de la comédie. Traité d'économie politique (Roman), 1982.

Editions Montalba :
Le Silence et l'obscurité. Requiem littoral pour corps polonais (13-28 décembre 1981), 1982.

* Nous remercions, pour leur collaboration à l'élaboration de cette bibliographie : Jeanne Hyvrard, Joëlle Cauville, Jeanne Garane, Marie Miguet-Ollagnier, Monique Saigal, Raymonde A. Saliou-Bulger, Miléna Santoro et Metka Zupančič.

Editions des femmes :

Auditions musicales certains soirs d'été (Nouvelles), 1984.

La Baisure suivi de Que se partagent encore les eaux (Parole), 1985.

Canal de la Toussaint (Philosophie), 1986.

Le Cercan : Un long et douloureux dialogue de sourds (Essai), 1987.

La Pensée corps (Dictionnaire philosophique), 1989.

La Jeune morte en robe de dentelle (Roman), 1990.

Editions du Loup de Gouttière :

Au Présage de la mienne (Récit), 1997.

Editions An Amzer :

Resserres à louer (Poèmes), 1997.

Editions Ecbolade :

Poèmes de la petite France (Poèmes), 1997.

Editions Vent d'Ouest :

Grand choix de couteaux à l'intérieur (Nouvelles), 1998.

Editions Richard Meir :

Cellla (Essai sur le représentement à l'encre de Chine et aux sels d'argent), 1998.

Editions L'Harmattan :
Minotaure en habit d'Arlequin. Le Marchoir, 1998.

Editions Trois :
Ton Nom de végétal, 1999.

Atelier de l'Agneau :
La Formosité. Inventaire de la beauté et de toutes les formes de forme, 2000.

Textes traduits :

The Fingers of the Fig-Tree (*Les Doigts du figuier*), traduit en anglais par Helen Frances, New Zealand, MA Thesis, Victoria University, 1987.

« Geonomy » (« Géonomie »), traduit en anglais par Laurie Edson, *Copyright*, 1, 1987, pp. 45-63.

Mother death (*Mère la mort*), traduit en anglais par Laurie Edson, Lincoln of London, University Press of Nebraska Press, 1988.

« Musical Auditions on Certain Summer Nights » (« Auditions Musical certains soirs d'été »), traduit en anglais par Dominic Di Bernadi, *New French Fiction. The Review of Contemporary Fiction*, vol. IX, n° 1, 1989, pp. 129-135.

« Physics Chemistry » (« Physique, chimie »), traduit en anglais par Dominic Di Bernadi, *New French Fiction. The Review of Contemporary Fiction*, vol. IX, n° 1, 1989, pp. 136-137.

The Kissing Crust, (*La Baisure*), in *Elles. A Bilingual Anthology of Modern French Poetry by Women*, édité et traduit en anglais par M. Sorell, Exeter, University of Exeter Press, 1995.

Waterweed in the Wash-Houses (*La Meurtritude*), traduit en anglais par Elsa Copland, Edimbourg, Presses Universitaires d'Edimbourg, 1996.

The Dead Girl in a Lace Dress (*La Jeune morte en robe de dentelle*), traduit en anglais par Jean-Pierre Nentha et Jennifer Waelti-Walters, Edimbourg, Presses Universitaires d'Edimbourg, 1996.

« Poems : My Daughter, Mother », traduit en anglais par Miléna Santoro, *Antigonish Review*, 120, 2000, pp. 66-77.

II - Articles

1 - Articles

« La folie en tête », *Libération*, 18 juin 1974, p. 11 (Non signé).

« Un métier qui n'existe plus », *Le Monde de l'éducation*, Avril 1975, (Signé : Jeanne Dherbécourt).

« Cardiographie », *La Refractaire*, 1, 1979.

« Passage de mort, force 8 sur l'échelle de la nuit », *Femmes en mouvement*, 7-8, 1979.

« Négresse à pleurer », *Europe*, 1980.

« Les errements de la Terre », *Les Nouvelles Littéraires*, 2719, 1980.

« Voyage », *Le Refractaire*, 2, 1980.

« Architecture désuète à la limite du rococco », *Paris Mode d'Emploi*, 1980.

« Mémoire d'une jeune fille dérangée », *Paris Mode d'Emploi*, 1980.

« Qui perd gagne », *Land*, 1, 1981.

« Lettres ouvertes aux Ministres de ce temps », *Libération*, 10 mai 1982.

« Mémoire d'une prospérité sans égale » (Fragment), *Tel*, 7, 1982.

« Adam et Eve séparés pour toujours », *Autrement* (Série Mutations), 46, janvier 1983.

« Nuit au commencement », *Contre toute attente*, 8, 1984.

« Cancer du sein et féminisme », *Paris-féministe*, 16, 1984.

« La planète Gutemberg », *Le Matin*, 17 septembre 1984, p. 18 (Signé Annie Comby).

« Les héros qui n'en sont pas », *L'Evenement du Jeudi*, 33, 20 juin 1985, p. 54.

« Sables ou de l'identité canadienne », *Vice-Versa*, 1985.

« Voir Shoah, mais où ? », *Le Matin*, 3294, 7 octobre 1987, (Signé Annie Comby).

« Géonomy », *Copyright*, 1, 1987.

« Les mathématiques », *Aperçu*, 3, 1988.

« After the Age of Suspicion : The French Novel Today », *Yale French Studies*, 1988.

« Saint Edouard », *In'huit*, 32, 1989.

« Le métropolitain », *Le Monde Diplomatique*, août 1989.

« Offensé », *L'Evenement du Jeudi*, 28 juin 1990, p. 78.

« Ils se répandent », *Arcade*, 28, 1993.

« L'ordinateur est-il sexué », *Interactif*, 1996.

« Au commencement, il sépara les cieux et la terre ... », *Le Vilain Petit Canard*, 14, 1997.

2 - Articles théoriques

« A bord des frères Lumière et de leur compagnie », *La Voix du Regard*, 10, 1997.

« A bord du *Je* de l'écriture », *Etudes Francophones*, Vol. 12, n° 2, 1997, pp. 7-20.

« Le français contre-langue », *Revue et Corrigée*, 18, 1985.

« Les sigles de la newcité », 1990 (Non publié)*.

« A bord de la newcité », 1989 (Non publié)*.

« Le capital humain », 1990 (Non publié)*.

«La révision de la newcité», 1990 (Non publié)*.

«Oublier l'humain», 1986 (Non publié)*.

« Transnationaux les immigrés de la deuxième génération », 1983 (Non publié)*.

« De la main invisible à la main armée », *Paris-Féministe*, 19, 1984.

« A bord du marais », 1982 (Non publié - Prononcé à Ottawa au Congrès de l'APFUC en 1982)*.

« De la littérature à la philosophie y-a-t-il une pensée femme », 1987 (Non publié - Prononcé à l'Institut Français de Santiago du Chili et à la Bibliothèque Nationale de Montévidéo en 1987)*.

« Ce que la littérature des femmes peut apporter aux sciences », 1987 (Non publié - Prononcé au Premier Congrès des Ecrivaines Sud Américaines à Santiago du Chili en 1987)*.

« Commentaire de l'expression : *c'est pour votre bien* », 1990 (Non publié)*.

« La pensée femme », 1982 (Non publié)*.

« La logarchie animique : de l'acquisition de la notion d'extériorité, au masculin et au féminin », 1989 (Non publié)*.

« La Contrelangue », *La Quinzaine Littéraire*, 436, 1985, pp. 16-31 et 37-38.

« A bord de l'écriture », in *L'écrivain et l'espace*, Montréal, l'Héxagone, 1985, pp. 29-43.

« A bord de l'innommable », in *La solitude*, Montréal, l'Héxagone, 1989, pp. 27-38.

« A bord du bioflower », 1988 (Non publié - Prononcé à l'Université de Victoria -Colombie Britannique- en 1988)*.

« Archipel du désert », *Revue et Corrigée*, 10, 1982.

« Ressourcements », 199 (Non publié)*.

« A bord de la littérature (Cours de littérature cybernétique) », 1988 (Non publié - Prononcé à l'université de Victoria -Colombie britannique- en 1988).

« A bord d'Orphée dans le regret de l'Eurydice», *Religiologiques*, 15, 1997, pp. 189-202.

« A bord des mythes dans le vaisseau de l'écriture », in *Réécriture des mythes - L'utopie au féminin*, Ed. M. Zupacic, Amsterdam, Rodopi, 1997, pp. 7-19.

« A bord de la logarchie dans le détroit des sciences sociales », 1996 (Non publié - Prononcé au Congrès du CIEF à Toulouse en 1996).

« Ils doivent le savoir », *Europe*, 835-836, 1998, pp. 238-244.

3 - Nouvelles

« L'office des morts », in *Manger*, Editions Yellow Now, 1980, pp.60-70.

« Le musée du Jeu de Paume », in *Etat des lieux*, Paris, Presses de la Renaissance, 1982, pp. 239-252.

« Alors j'ai commencé », in *Plaisir d'amour*, Paris, Lieu commun, 1982.

« Station Opéra, six heures du soir, pendant des mois », *Présence Africaine*, 121/122, 1982, pp. 375-377.

4 - Poèmes

Au matin La rosée. Il est des fleurs qui fânent parfois …, *L'Oeil de Bœuf*, 8, 1995.

Il est des fleurs qui fânent parfois ..., *L'Oeil de Bœuf*, 9-10, 1995.

Poèmes de la petite France (fragments), *Trois*, Vol. 11, n° 1-2, 1996.

Elles étaient là comme deux colombes..., *Trois*, Vol. 12, n° 2, 1997, p. 127.

Commes des oiseaux en amour...,*Trois*, Vol. 12, n° 2, 1997, p. 127.

J'ai planté une haie d'églantines..., *Trois*, Vol. 12, n° 2, 1997, p. 128.

Beau jeune homme de belle Loire..., *Revue Poétique* (An Amzer), 21, 1997.

Amour a surgi à contretemps..., *Revue Poétique* (An Amzer), 21, 1997.

Amour/En septembre..., *Revue Poétique* (An Amzer), 21, 1997.

Amour/Je ne vous ai pas perdu..., *Revue Poétique* (An Amzer), 21, 1997.

Je ne vais plus dans les églises..., *Revue Poétique* (An Amzer), 21, 1997.

J'ai planté une haie d'églantines..., *Terpsichore*, 22, 1997.

Au-delà de l'Océan..., *Les Cahiers du détour*, 3, 1998, p. 12.

En moi..., *Europoésie*, 19, 1998.

Comme des oiseaux en amour…, *Europoésie*, 19, 1998.

Je suis fatiguée comme la mort…, *Europoésie*, 19, 1998.

Que dire à celui qui veut mourir…, *Albatroz*, 17-18, 1998.

Les chapeaux de paille, *Europoésie*, 20, 1998.

Les roses de Noël, *Terpsichore*, 24, 1998.

Sans la terre…, *Albatroz*, 17-18, 1998.

Avignon…, *Albatroz*, 17-18, 1998.

Poème berbère, *Albatroz*, 18-18, 1998.

Dans le vivier du poissonnier, *Europoésie*, 21, 1998.

Un bélier noir, *De l'autre côté du mur*, 1998.

Poésie vitale, poésie vivante, *Poétique*, 23, 1998, pp. 30-33.

J'entends le feu qui crépite…, *Midi*, 5-6, 1998-1999.

Mare ou étang, *Midi*, 5-6, 1998-1999.

Les roses de Noël, *Midi*, 5-6, 1998-1999.

Le matin/Au réveil…, *Midi*, 5-6, 1998-1999.

En vivant…, *Midi*, 5-6, 1998-1999.

Au commencement la nuit flottait déjà…, *Cahier du détour*, 4, 1999.

Amour/En septembre…, *Terpsichore*, 27, 1999.

Nous nous vouvoierons…, *Midi*, 7, 1999.

J'ai pris dans mes grands bras…, *Midi*, 7, 1999.

Fleur parmi les fleurs…, *Midi*, 7, 1999.

Je voudrais que la mort ne m'ait jamais touchée…, *Midi*, 7, 1999.

Un nuage d'or nimbe la ville…, *Europoésie*, 23, 1999.

5 - Dessins

Revue de Minuit, 16, 198.

Etudes Foncières, 3, 198 , p. 29.

6 – Livrets d'opéra

Les Soleils Immobiles, 1996, (Livret non publié).

CD : *Sketches of Chess suivi de Les Soleils Immobiles*, textes de Jeanne Hyvrard chantés par Murielle Lucie Clément, 1997.

La Folle baisure, 1997, (Livret non publié).

II - Etudes critiques sur l'oeuvre de Jeanne Hyvrard

1 - Ouvrages

J. Cauville, *Mythographie hyvrardienne - Analyse des mythes et des symboles dans l'œuvre de Jeanne Hyvrard*, Québec, Presses de l'Université de Laval, 1996.

M. Saigal, *L'écriture : lien entre mère et fille chez Jeanne Hyvrard, Chantal Chawaf et Annie Ernaux*, Amsterdam, Rodopi, 2000.

J. Waelti-Walters, *Jeanne Hyvrard : Theorist of the Modern World*, Edimbourg, Presses Universitaires d'Edimbourg, 1996.

CR : M. Saigal, *The French Reveiw*, 71 :3, 1998, pp. 479-490.

M. Verthuy-Williams et J. Waelti-Walters, *Jeanne Hyvrard*, Amsterdam, Rodopi, 1988.

CR : M. Saigal, *Atlantis*, Vol. 14, n° 2, 1989, p. 83.

J. Waelti-Walters (Ed.), *Jeanne Hyvrard : une langue d'avenir*, *Les Cahiers de l'APFUC*, II, 3, 1988.

2 - Travaux universitaires

J. Cauville, *Féminité et fusionnel dans l'oeuvre de Jeanne Hyvrard*, Thèse de Doctorat – University of British Columbia (Vancouver), 1988.

M. Denise, *Recherche d'une littérature transculturelle*, D. E. A. - Université des Antilles, 1982-1983.

E. Figueiredo, *Jeanne Hyvrard : escritura como busca de identidade*, Thèse de Doctorat de Langue et Littérature Françaises - Faculdade de Universidade Federal do Rio de Janeiro, 1988.

N. Forini, *Jeanne Hyvrard e la scrittura della separance*, Maîtrise de Lettres - Université de Pérouse (Italie), 1993-1994.

H. Frances, *«Les Doigts du figuier» : traduction et introduction*, Maîtrise - Université Wellington (Nouvelle Zelande), 1988.

J.-M. Garane, *Imagined Geographies, Subjective Cartographies : Marguerite Duras, Jeanne Hyvrard, Simone Schwarz-Bart*, Thèse de Doctorat - University of Michigan, 1994.

F. Gaudin, *Les effets de la langue étrangère sur la personne*, Thèse de Doctorat de Linguistique Appliquée - Université Paris VII, 1981.

S. Homar, *La memoria del mundo en el fondo del languaje : lengua e identidad en tres novelas del Caribe*, Thèse de Doctorat, 1983.

J. Kjaer, *Jeanne Hyvrard et la langue du marais*, Maîtrise de Français Langue Etrangère - Université de Grenoble III, 1990.

J.-F. Lemoine, *L'écriture de la folie*, Maîtrise de Lettres Modernes - Université de Rennes, 1976-1977.

M. Santoro, *The Feminist Avant-garde Text in France and Quebec : a Study of Contemporary Fiction by Hélène Cixous, Nicole Brossard, and Jeanne Hyvrard*, Thèse de Doctorat - Princeton university, 1994.

3 - Articles

A. J. Arnold, « French National Identity and the Literary Politics of Exclusion : The Jeanne Hyvrard Case », *Australian Journal of French Studies*, 33:2, 1996, pp. 157-165.

J. Cauville, « Le motif du rapt », *Les cahiers de l'APFUC*, II, 3, 1988, pp. 21-32.

J. Cauville, « Féminin et fusionnel dans l'œuvre de Jeanne Hyvrard », *Dalhousie French Studies*, 14, 1988, pp. 122-123.

J. Cauville, « La Genèse : lecture hyvrardienne et tourniérienne du premier mythe de l'humanité », in *Mythes dans la littérature contemporaine d'expression*, Ed. M. Zupancic, Ottawa, Editions du Nordir, 1994, pp. 263-275.

J. Cauville, « Variations sur les mythes de Jonas et Cronos dans l'oeuvre de Jeanne Hyvrard », in *Francophonie Plurielle - Actes du congrès modial du Conseil international d'études francophones tenu à Casablanca (Maroc) du 10 au 17 juillet 1993*, Ed.

Ginette Adamson et J.-M. Gouanvic, Montréal, Hurtubise, 1995, pp. 95-104.

J. Cauville, « Jeanne Hyvrard, une voix minoritaire prêchant l'universalisme dans la littérature française », *in Littérature en milieu minoritaire et universalisme*, Revue de l'Université sainte-Anne, 1996.

J. Cauville, « Jeanne Hyvrard et l'aventure alchimique », in *Thirty Voices in the Feminine*, Amsterdam, Rodopi, 1996.

J. Cauville, « Utopie et uchronie hyvrardiennes », in *Réécriture des mythes : utopie au féminin*, Ed. J. Cauville et M. Zupancic, Amsterdam, Rodopi, 1997, pp. 116-129.

S. Dümchen, « Durch Erinnerungsarbeit zur Identität », *Lendemains*, 16:61, 1991, pp. 122-129.

B. Filion,« Le rôle du bestiaire », *Les Cahiers de l'APFUC*, II, 3, 1988, pp. 33-44.

E. Grundmann, « La voie du langage : le jeu de l'oie dans *Le corps défunt de la comédie* », *Les cahiers de l'APFUC*, II, 3, 1988, pp. 45-58.

J.-F. Kosta-Théfaine, « Traité d'Economie Politique – Manuel de la Séparance : *Ton Nom de végétal* de Jeanne Hyvrard », *Trois*, 15 :1, 2-3, 1999, pp. 208-210.

J.-F. Kosta-Théfaine, « *CELLLA* de Jeanne Hyvrard ou du pacte autobiographique », *Lendemains*, 93, 1999, pp. 70-79.

J.-F. Kosta-Théfaine, « Journal de bord ou compte à rebours contre la mort : *Au Présage de la mienne* de Jeanne Hyvrard », *Dalhousie French Studies*, 51, 2000, pp. 144-149.

J.-F. Kosta-Théfaine, « Le silence de la voix. Regards sur deux recueils de poèmes de Jeanne Hyvrard (*Resserres à louer* et *Poèmes de la petite France*) », *Lendemains*, 2000, (sous presse)

M. Le Clezio, « The Writing of the Night », *Revue de l'Université d'Ottawa*, Vol. 54, n° 4, 1984, pp. 117-123.

M. Le Clezio, « Mother and motherland : the Daughter's Quest for Origins », *Stanford French Review*, 5:3, 1981, pp. 381-389.

M. Le Clezio, « Marie Cardinal, Jeanne Hyvrard, Emma Santos : les voies de la maladie », *Société des Professeurs de Français en Amérique*, (Bulletin 1984-1985), 1985, pp. 55-64.

M. Marini, « Production et reproduction langagières en lisant Jeanne Hyvrard... », *Cahiers de Recherches S. T. D.*, Paris, VII, *Femmes et Institutions Littéraires*, pp. 19-25.

M. Marini, « L'élaboration de la différence sexuelle dans la pratique littéraire de la langue », *Les Cahiers du Grif*, (Université Laval - Québec) 1, 1987, pp. 5-20.
A. Menke et A. Jardine, « Exploding the Issue : French Women Writers and the Canon ? », *Yale French Studies*, 75, 198

M. Miguet, « La Bible à rebours de Jeanne Hyvrard », *Cahiers de l'Université d'Angers*, 17, 1987, pp. 198-216 – rééd. In M. Miguet-Ollagnier, *Mythanalyses*, Paris, Les Belles Lettres, 1992.

M. Miguet, « Jeanne Hyvrard : un pacte d'aliénation », *Cahiers de l'Université d'Angers*, 18, 1988, pp. 175-186.

M. Moscovici, « Un langage décolonisé », *Critique*, 347, 1976, pp. 375-380.

G. Orenstein, « Une vision gynocentrique dans la littérature et l'art féministes contemporains », *Etudes Littéraires*, Vol. 17, n° 1, 1984, pp. 143-160.

G. Orenstein, « Creation and Healing : An Empowering Relationship for Women Artists », *Women's Studies Forum*, Vol. 8, n° 5,1985, pp. 439-458.

M. Reid, « Jeanne Hyvrard », *Yale French Studies* - Special Issue : *After the Age of Suspicion : The French Novel Today*, 1988, pp. 317-321.

M. Saigal, « L'appropriation du corps dans *Le Cercan* de Jeanne Hyvrard », *Atlantis*, Vol. 16, n° 2, 1991, pp. 22-30.

M. Saigal, « Le cannibalisme maternel : l'abjection chez Jeanne Hyvrard et Kristeva », *French Review*, Vol. 66, n° 3, 1993, pp. 412-419.

M. Saigal, « L'humour dans *La Jeune morte en robe de dentelle* de Jeanne Hyvrard », *Women in French Studies*, 1, 1993, pp. 45-53.

M. Saigal, « Oppression maternelle et salut par l'écriture dans *La Jeune morte en robe de dentelle* de Jeanne Hyvrard », in *Il senso del nonsenso - Scritti in memoria di Lynn Salkin Sbiroli*,

Ed. M. Steriff-Moretti, M. Revol-Cappelletti et O. Martinez, Naples, Edizioni Scientifiche Italiane, 1994, pp. 633-649.

E. Saul, « La otra mitad de la razon », *Cauce*, 123, 10 Août 1987, pp. 30-32.

A. Thiher, « Lacan, Madness, and Women's Fiction in France », in *Liminal Postmodernisms : The Postmodern, the (Post-) Colonial, and the (Post-) Feminist*, Ed. T. D'Haen et H. Bertens, Amsterdam, Rodopi, 1994, pp. 223-254.

R. Toumson, « Un aspect de la contradiction littéraire afro-antillaise, l'école en procès », *Revue des Sciences Humaines*, Vol. XLVI, n° 174, 1979, pp. 105-128.

M. Verthuy, « Y a-t-il une spécificité de l'écriture au féminin ? », *Canadian Women's Studies*, Vol. 1, n° 1, 1978, pp. 73-77.

M. Verthuy, « Je parle donc ... », *Les Cahiers de l'APFUC*, II, 3, 1988, pp. 1-20.

J. Waelti-Walters, « He Asked for Her Hand in Marriage or the Fragmentation of Women », *New York Literary Forum*, 8-9, 1981, pp. 211-222.

J. Waelti-Walters, « *Ils ont fait de moi la mort* : La mère dans l'oeuvre de Jeanne Hyvrard», *Etudes Littéraires*, 17:1, 1984, pp. 117-129.

J. Waelti-Walters, « La pensée fusionnelle et la pensée séparatrice chez Jeanne Hyvrard », *Mosaïc*, XIX, 4, 1986, pp. 145-157.

J. Waelti-Walters, « The Body Politics : *Le Cercan* and *Les Prunes de Cythère* », *Dalhousie French Studies*, 13, 1987, pp. 71-76.

J. Waelti-Walters, « Comment l'homme pourrait-il naviguer droit sur la terre ronde : introduction au *Canal de la Toussaint* », *Les Cahiers de l'APFUC*, II, 3, 1988, pp. 75-87.

J. Waelti-Walters, « Transnational Thought : Michel Butor and Jeanne Hyvrard », *Dalhousie French Studies*, 17, 1989, pp. 85-92.

Ch. Warner, « Les mots pour dire toute chose et son contraire », *Les Cahiers de l'APFUC*, II, 3, 1988, pp. 59-74.

M. Zupančič, « Mythes et utopies : approches féministes », in *Récit et connaissance*, éd. F. Laplantine, J. Lévy, J.-B. Martin et A. Nouss, Lyon, Presses Universitaires de Lyon, 1998, pp. 109-120.

M. Zupančič, « Hyvrard, Cixous, Chawaf. Mythes repensés », *Cahiers de l'Imaginaire*, 16, 1998, pp. 7-13.

M. Zupančič, « Corps intégré, corps sacralisé dans la littérature contemporaine des femmes (Cixous, Hyvrard, Chawaf) », *Religiologiques*, 12, 1995, pp. 191-206.

4 - Entretiens

J. H. / S. Dümchen, « Entretiens quelques moments avant la guerre », *Lendemains*, 61, 1991, pp. 130-142.

J. H. / N. Forini, « De la séparance au maternalisme : entretiens avec Jeanne Hyvrard », *Annali della Facoltà di Lettere e Filosofia. Università degli studi di Perugia, 3. Studi Linguistico Letterari*, Vol. XXXI, nuova serie XVII, 1993-1994, pp. 109-133.

J. H. / E. Figueiredo, « Interview avec Jeanne Hyvrard réalisée à Paris le 20 juillet 1985 », *Conjonctions*, 169, 1986, pp. 118-134.

J.H./ A. Jardine et A. Menke, « Jeanne Hyvrard », *Shifting Scènes : Interviews on Wemen, Writing and Politics in Post-68 France*, N.Y., Columbia, 1991.

J. H. / M. Saigal, « Interview avec Jeanne Hyvrard », *Dalhousie French Studies*, 33, 1995, pp. 125-144.

5 - Notes de lecture

Les Prunes de Cythère :

[Anonyme], *Le Quotidien de Paris*, 21 oct. 1975.
[Anonyme], *Lire*, 3 déc. 1975, p. 205.
[Anonyme], *Bulletin Critique du Livre Français*, fév. 1976.
F. Buisson, *Sorcières*, 1, 1976.
O. Burrus, *La Revue de l'Infirmière*, janv. 1976.
T. Cartano, *La Quinzaine Littéraire*, 16 oct. 1975.
J. Freustie, *Le Nouvel Observateur*, 20 oct. 1975.
J.-P. Gavard-Perret, *Esprit*, 10, oct. 1976, pp. 475-477.
R.M. Henkels, *The French Review*, Vol. L, n° 2, 1976, pp.371-372.
J.-F. Lemoine, *Art Press*, juin 1977.
B. Poirot-Delpech, *Le Monde*, 24 oct. 1975.

G. Romet, *Le Magazine Littéraire*, 112-113, mai 1976, p.81.

Mère la Mort :

W. Alante-Lima, *Présence Africaine*, 98, 1976, pp. 245-248
D. Autrand, *La Quinzaine Littéraire*, 16 mars 1976.
M. Chavardes, *Témoignages Chrétiens*, 4 mars 1976.
F. Clédat, *Sorcières*, 5, 1976.
F. C[lédat], *Cahiers du Grif*, 1976.
M. Chavardes, *Témoignage Chrétien*, 4 mars 1976.
J.-P. Gavard-Perret, *Esprit*, 10, 1976, pp. 475-477.
H. Juin, *Le Monde*, 7 sept. 1978.
Lagardère, *Nouvelle Revue Française*, 282, juin 1976, pp. 93-94.
J.-F. Lemoine, *Art Press*, juin 1977.
G. Romet, *Le Magazine Littéraire*, 112-113, mai 1976, p. 81
J. Silenieks, *The French Review*, Vol. LI, n° 2, 1977, pp. 329-330.
A. Thiher, *World Literature Today*, 51, 1977, p. 239.

La Meurtritude :

[Anonyme], *Techniques Nouvelles*, 1977.
[Anonyme], *Bulletin Critique du Livre Français*, janv. 1978.
S. Fabre, *Sorcières*, 15, 1978.
C. Macre, *Art Press*, 12, nov. 1977.
J.-M. Maulpoix, *La Quinzaine Littéraire*, 1er déc. 1977.

Les Doigts du figuier :

[Anonyme], *Techniques Nouvelles*, 1977.
S. Fabre, *Sorcières*, 15, 1978.

J.-P. Gavard-Perret, *Esprit*, 11, nov. 1977, pp. 128-129.
V. Godel, *Critique*, 34, 1978, pp. 395-398.
C. Macre, *Art Press*, 12 nov. 1977.
J.-M. Maulpoix, *La Quinzaine Littéraire*, 1er déc. 1977.
J. Roudaut, *Le Magazine Littéraire*, 130, nov. 1977, p. 51.

Le Corps défunt de la comédie :
[Anonyme], *Femmes en Mouvement Hebdo*, 26 fév. 1982.
[Anonyme], *Le Mensuel Littéraire et Poétique*, 123, sept. 1982.
J.-P. Amette, *Le Point*, 15 mars 1982.
T. Cartano, *Le Magazine Littéraire*, 182, mars 1982, pp. 48-49.
Y. Laplace, *24 Heures*, 27 avril 1982.
G. Nedelec, *Tel*, 7, 1982.
A. O., *Mot pour Mot*, déc. 1982.
M. Petillon, *Le Monde*, 2 avril 1982.
D. Roche, *Le Magazine Littéraire*, janv. 1982.
A. Roy, *Le Devoir*, 29 mai 1982.
J.-L. Steinmetz, *La Quinzaine Littéraire*, 367, 16 mars 1982, p. 8.
F. Théoret, *Spirale*, 26, juin 1982.

Le Silence et l'obscurité. Requiem littoral pour corps polonais :
[Anonyme], *La Croix*, 13 déc. 1982.
[Anonyme], *Livres de France*, déc. 1982.
M. Fonfreide, *Le Nouveau Commerce*, Printemps 1984.
A. Laude, *Les Nouvelles Littéraires*, 2875, 24 fév. 1983.
G. Preszow, *Revue et Corrigée*, 12, 1982.

Auditions Musicales certains soirs d'été :
C. Glayman, *L'unité*, 11 janv. 1985.

C. Prévost, *L'Humanité*, 23 juillet 1985.

F. Théoret, *Spirale*, avril 1985.

J.-F. Kosta-Théfaine, *Trois*, vol. 14, n° 1, 1998, pp. 171-172.

La Baisure :

[Anonyme], *Témoignage Chrétien*, 22 avril 1985.

Canal de la Toussaint :

G. Bratschi, *La Tribune de Genève*, 17 oct. 1986.

La Pensée Corps :

M. Beigbeder, *La Bouteille à la mer*, 1989.

M.-C. Calmus, *Revue M*, oct. 1989. Rééd., *L'Ecole Emancipée*, 7, 5 déc. 1989.

Cesbron, *Lettres Romanes*, 45, 1991, pp. 284-285.

La Jeune morte en robe de dentelle :

Cesbron, *Impacts*, 1, 1991, pp. 110-111.

J.-F. Kosta-Théfaine, *Encres Vagabondes*, 13, 1998, p. 56.

Au présage de la mienne :

M. Dorsen, *Le Mensuel Poétique et Littéraire*, 250, 1997.

J.-P. Gavaret-Perret, *Verso*, 90, 1997.

J.-F. Kosta-Théfaine, *Trois*, Vol. 13, n° 1, 1998, pp. 167-169.

C. Payer, *Le Journal de Québec*, 29 mars 1997, p. 27.

M. Saigal, *The French Review*, 71 :6, 1998, pp. 1090-1091.

J. Sergent, *Le Devoir*, 19 avril 1997.

Resserres à Louer :

J.-F. Kosta-Théfaine, *Encres Vagabondes*, 18, 1999, p. 19.

M. Pichery, *Ecole de la Loire*, 80, 1998.

Poèmes de la petite France :

M. Dorsel, *Le Mensuel Littéraire et Poétique*, 261, 1998, p. 29.

J.-F. Kosta-Théfaine, *Encres vagabondes*, 18, 1999, p. 19.

CELLLA :

J.-F. Kosta-Théfaine, *Trois*, vol. 14, n° 2-3, 1999, pp. 197-199.

Grands choix de couteaux à l'intérieur :

[Anonyme], *Le Mensuel Poétique et Littéraire*, 261, 1998, p. 9.

R. Chartrand, *Le Devoir*, 4-5, 1998.

Minotaure en habit d'arlequin. Le Marchoir :

J.-F. Kosta-Théfaine, *Lendemains*, 95-96, 1999, p. 184.

Table des matières